LEGO®-Filme mit Stop Motion

Alexander Altendorfer

LEGO®-Filme mit Stop Motion

Kreative Filme mit LEGO®-Figuren

Vom Setaufbau über Spezialeffekte bis zur Nachbearbeitung

4. Auflage

mitp

Bibliografische Information der Deutschen Nationalbibliothek
Die Deutsche Nationalbibliothek verzeichnet diese Publikation in der Deutschen Nationalbibliografie; detaillierte bibliografische Daten sind im Internet über <http://dnb.d-nb.de> abrufbar.

Bei der Herstellung des Werkes haben wir uns zukunftsbewusst für umweltverträgliche und wiederverwertbare Materialien entschieden.
Der Inhalt ist auf elementar chlorfreiem Papier gedruckt.

ISBN 978-3-7475-0838-1
4. Auflage 2024

E-Mail: mitp-verlag@sigloch.de

Telefon: +49 7953 / 7189 - 079
Telefax: +49 7953 / 7189 - 082

www.mitp.de

Lektorat: Sabine Schulz
Sprachkorrektorat: Sabine Welter
Coverbild: Alexander Altendorfer
Covergestaltung: Sandrina Dralle, Christian Kalkert
Satz: III-satz, Husby, www.drei-satz.de
Druck: AdVerts in Riga, Lettland

Inhalt

Liebe Leserinnen und Leser, damit Sie die Beispiel-Links aus dem Buch nicht alle abtippen müssen, stellen wir Ihnen unter www.mitp.de/0838 im Downloadbereich eine anklickbare Linkliste zur Verfügung.

1

Was ist Stop Motion?

Bevor ich anfange, Ihnen die Grundlagen der Stop Motion Animation erklären, möchte ich zuerst einmal näher bringen, was Stop Motion denn überhaupt bedeutet.

Wenn Sie sich dieses Buch gekauft haben, dann haben Sie vielleicht schon eine Idee, was auf Sie zukommt, oder vielleicht wollen Sie einfach etwas ganz Neues lernen. Ganz egal, ob Sie gerade erst in die Stop-Motion-Technik einsteigen wollen, oder ob Sie schon etwas Erfahrung dabei haben, Sie werden in diesem Buch viele nützliche Tipps und Tricks finden. Beginnen wir auf jeden Fall mit der grundlegenden Idee hinter der Stop-Motion-Technik.

Stop Motion ist eine Filmtechnik, die verwendet wird, um reglosen Objekten Leben einzuhauchen. Wir können damit vor laufender Kamera Plastilinklumpen bewegen, unsere LEGO-Figuren die wildesten Abenteuer erleben lassen und spektakuläre Effekte erzielen. Viele Kinofilme wurden mit dieser Technik realisiert. Das Tolle daran ist aber, dass man so einen Film auch ganz einfach zu Hause drehen kann!

Jede normale Filmkamera nimmt viele einzelne Bilder auf, meistens zwischen 24 und 30 pro Sekunde. Werden diese Bilder schnell hintereinander abgespielt, sieht es für das menschliche Auge aus wie eine kontinuierliche Bewegung. Genau auf diesem Prinzip basiert die Stop-Motion-Technik. Sie fotografieren das Motiv, verändern eine Kleinigkeit, und fotografieren es wieder.

Wenn Sie das geschickt anstellen und oft genug wiederholen, sehen die Bilder nachher aneinandergereiht aus wie ein normaler Film. Man kann sich das so vorstellen wie ein Daumenkino, nur eben digital und mit Fotos.

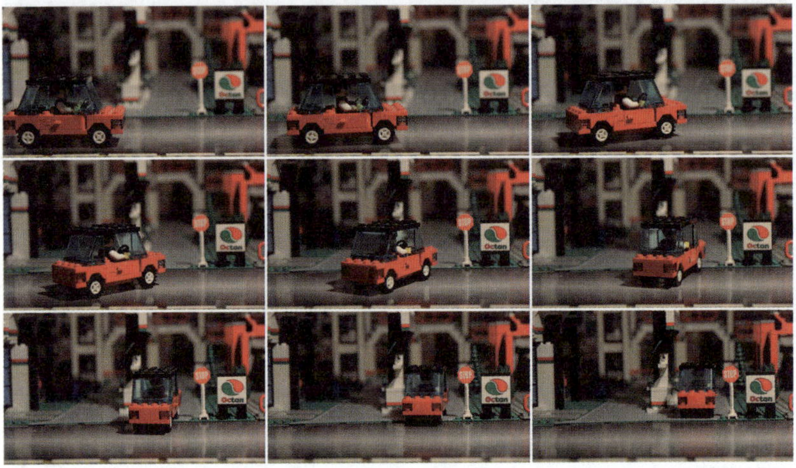

Abbildung 1.1: Diese Einzelbilder ergeben hintereinander abgespielt eine flüssige Bewegung

1.1 Überblick

Die Geschichte des Stop-Motion-Films reicht bis in das 19. Jahrhundert zurück. Als Erfinder dieser Technik gilt der französische Theaterbesitzer und Regisseur Georges Méliès, der den Effekt für Zaubertricks einsetzte. So konnte er mit Hilfe der Stop-Motion-Technik ohne großen Aufwand eindrucksvolle Effekte erzielen, wie zum Beispiel Schauspieler verschwinden oder durch andere ersetzen lassen. Es wird erzählt, dass er den Effekt zufällig entdeckt hat, als während den Dreharbeiten die Kamera stockte und so die Illusion entstand, Figuren würden einfach so von ihrem Platz verschwinden.

Auch alle beliebten Zeichentrickserien wie beispielsweise »Die Simpsons« verdanken wir eigentlich Méliès, denn sie beruhen auf derselben Technik und werden ähnlich wie ein Stop-Motion-Film produziert. Ein Zeichentrickfilm ist nichts anderes als ein Stop-Motion-Film, nur dass anstelle der LEGO-Figuren (oder anderer Modelle) gezeichnete Bilder abfotografiert werden.

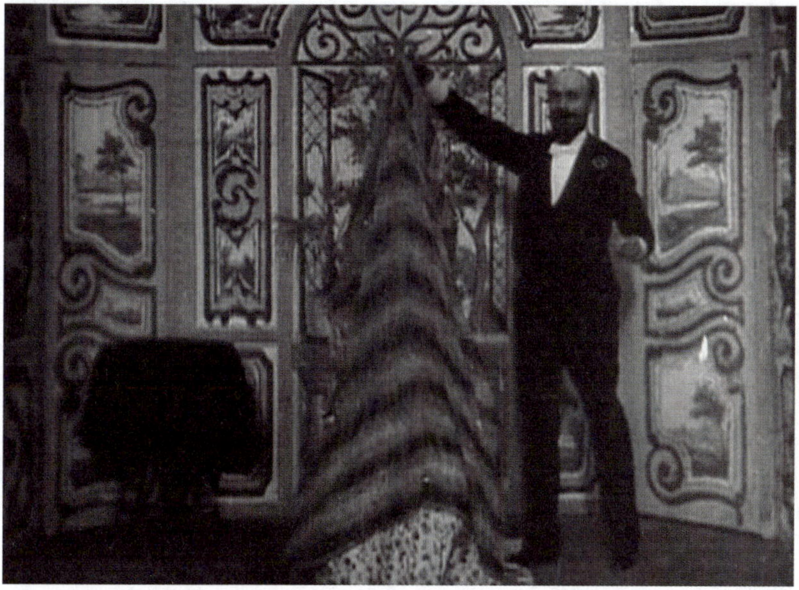

Abbildung 1.2: Méliès lässt eine Frau verschwinden

Stop Motion wurde im Laufe der Filmgeschichte immer wieder weiterentwickelt und in vielen Filmen eingesetzt, vor allem, um Spezialeffekte zu realisieren. Dafür wurden Miniaturmodelle Bild für Bild vor einem blauen Hintergrund (einem sogenannten Bluescreen) animiert. Der Hintergrund wurde danach durch den eigentlichen Film ersetzt und das Modell somit in den Film eingefügt. So konnten auch früher schon ohne Computer eindrucksvolle Science-Fiction-Filme mit realistisch aussehenden Raumschiffen entstehen.

Moderne Produktionen haben wenig gemeinsam mit dem ursprünglichen Stop-Motion-Film, da heute viele Aufgaben vom Computer übernommen werden. So kann beispielsweise durch den Einsatz moderner Software aus einigen wenigen Bildern ein Film berechnet werden, indem der Computer einfach die fehlenden Bilder generiert. Manchmal werden Bewegungen der Modelle vorprogrammiert und dann mit Elektromotoren ausgeführt. Auch gewisse Effekte wie Sprünge, Feuer oder Wasser werden oft erst nachträglich am Computer realisiert. (Wie das einfacher und ohne Computer geht, zeige ich Ihnen in Abschnitt 8.4).

Wird heutzutage Stop Motion in professionellen Filmen eingesetzt, ist dies meist eine bewusste stilistische Entscheidung, um dem Film ein besonderes Flair zu verleihen. So setzte zum Beispiel der französische Regisseur und Oscar-Gewinner Michel Gondry die Stop-Motion-Technik ein, um ein ikonisches Musikvideo für den Song »Fell in Love with a Girl« der amerikanische Rockband »The White Stripes« zu produzieren. Das Video besteht hauptsächlich aus bizarren Mustern aus LEGO-Steinen sowie den Gitarre und Schlagzeug spielenden LEGO-Versionen der beiden Bandmitglieder. Sie können sich das Video auf dem offiziellen YouTube-Kanal der Band ansehen:

http://youtu.be/fTH71AAxXmM

Die neueste Entwicklung bei Stop-Motion-Filmen ist die Verwendung von 3D-Druckern. Dabei wird ein digitales, animiertes Modell im Computer kreiert und dann aus einem flüssigen oder pulverförmigen Material ein reales 3D-Modell »gedruckt«. Das erste Mal wurde diese Technik 2009 in dem Film »Coraline« des Filmstudios LAIKA benutzt, um die Gesichter der Charaktere zu animieren. 2012 entwickelte LAIKA die Technik für den Film »ParaNorman« weiter und nutze Farb-3D-Drucker. »ParaNorman« und »Coraline« sind außerdem die ersten Stop-Motion-Filme, die in den Kinos in 3D zu sehen waren.

Einen kurzen Trailer können Sie sich hier ansehen:

https://youtu.be/haQamhG1xNg

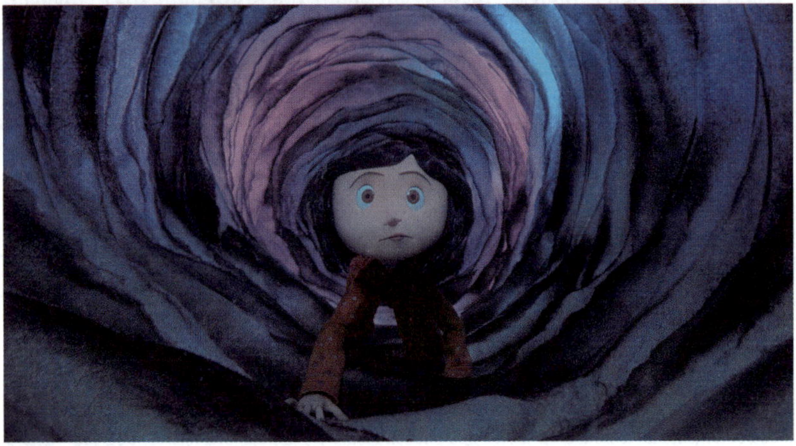

Abbildung 1.3: Screenshot von »Coraline« – mit freundlicher Genehmigung von LAIKA. © 2009

Falls Sie noch mehr über die Produktion eines professionellen Stop- Motion-Films erfahren wollen, können Sie sich die Dokumentation »ParaNorman, Behind The Scenes« auf YouTube ansehen: *http://youtu.be/_UAfgzAb84A* (im Video wird Englisch gesprochen).

1.2 Wo wird Stop Motion eingesetzt?

Die Einsatzmöglichkeiten der Stop-Motion-Technik sind vielfältig, haben sich im Laufe der Zeit aber verändert.

Viele Spezialeffekte bei Realfilmen, die heutzutage am Computer berechnet werden, wurden früher mit Hilfe von Stop-Motion-Bildern realisiert. Ein bekanntes Beispiel dafür ist der »AT-AT Walker« in den Star-Wars-Filmen. Da Computereffekte damals noch in den Kinderschuhen steckten, wurde der Walker als Modell nachgebaut, seine Bewegungen Bild für Bild fotografiert und danach in den Film eingefügt.

Ein anderes Beispiel für einen klassischen Stop-Motion-Film ist die Serie »Wallace & Gromit«. Die fünf Filme, von denen drei den Oscar gewannen und alle dafür nominiert waren, wurden vollständig mit Stop Motion realisiert. Die Charaktere und große Teile des Sets wurden dafür aus Knetmasse modelliert. Wie aufwändig so eine Produktion ist, sieht man daran, dass im Durchschnitt pro Tag nur 30 Bilder, also etwas mehr als eine Sekunde, geschafft wurden.

Weitere große Stop-Motion-Produktionen der letzten Jahre sind die Kinofilme »Isle of Dogs« vom bekannten Regisseur Wes Anderson aus dem Jahr 2018 sowie Guillermo del Toros »Pinocchio«, der von Netflix produziert und bei der Oscarverleihung 2023 als »Bester Animationsfilm« ausgezeichnet wurde. Sehen Sie sich einen kurzen Ausschnitt auf YouTube an:

https://youtu.be/zBHUuONPFts

Vermutlich werden Sie bei Stop-Motion mit LEGO sofort an »The LEGO Movie« und seine Fortsetzungen »The LEGO Movie 2« und »The LEGO Batman Movie« denken. Diese actiongeladenen Filme sind der Traum jedes LEGO-Fans und nicht selten werde ich gefragt, wie diese Filme denn entstanden sind. Die Antwort ist vielleicht etwas überraschend: am Computer. Mit Ausnahme des

Abspannes – der wurde tatsächlich in zweimonatiger mühsamer Handarbeit mit tausenden LEGO-Steinen animiert – wurden diese Filme komplett am Computer mit 3D-Modellen erstellt. Dabei wurde aber mit viel Liebe zum Detail vorgegangen, um den Eindruck einer echten Stop-Motion-Animation zu erzeugen. Die Figuren bewegen sich tatsächlich nur so, wie es auch mit echten LEGO-Minifiguren möglich wäre, und es wurden bewusst kleine Fehler, Fingerabdrücke und Staub über die computergenerierten Figuren und Steine gelegt.

Das bedeutet aber nicht, dass Stop-Motion »out« ist, ganz im Gegenteil! Vor allem im Internet entwickelte sich diese Technik zu einem neuen Trend. Auf YouTube findet man bei einer Suche nach »LEGO Stop-Motion« mehrere Millionen Videos, die bekanntesten davon haben über 90 Millionen Aufrufe (Stand Juli 2020). Auch die Macher von »The LEGO Movie« nannten diese unzähligen Videos von Hobby-Filmemachern als ihre größte Inspiration und waren begeistert von Vielfalt und Kreativität.

Grund für die Popularität dieser Videos ist, dass heutzutage beinahe jeder die nötigen Mittel für einen Stop-Motion Film zu Hause hat. Waren früher solche Filme großen Studios vorbehalten, kann heute jeder, der ein Smartphone besitzt, zum Regisseur werden.

1.3 Einordnung

Im Grunde kann man diese Hobbyfilme in drei Kategorien einteilen: Realfilme, Claymation und Brickfilm.

Realfilme

Realfilme haben normale Menschen als Akteure und benutzen die Stop-Motion-Technik, um einen speziellen, meist surrealen Effekt zu erzielen. So kann man beispielsweise Menschen die Straße entlang gehen lassen, ohne dass sie die Füße bewegen. In diesem Video besucht ein Mann mit nur wenigen Schritten Sehenswürdigkeiten in den USA: *https://youtu.be/36v_DtEhU68*

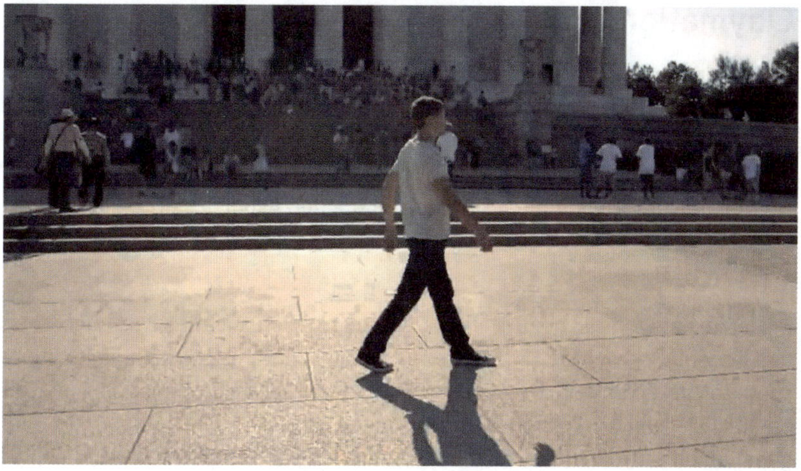

Abbildung 1.4: Screenshot von »Guy Walks Across America«

Ein anderer YouTube Trend ist die Stop Motion Animation mit Post-its. Bei dieser speziellen Art von Stop-Motion-Film spielen kleine selbstklebende Notizzettel die Hauptrolle. In diesem Video arbeitet ein Mann an seinem Computer, während auf der Wand vor ihm die Notizzettel zum Leben erwachen.

http://youtu.be/BpWMoFNPZSs

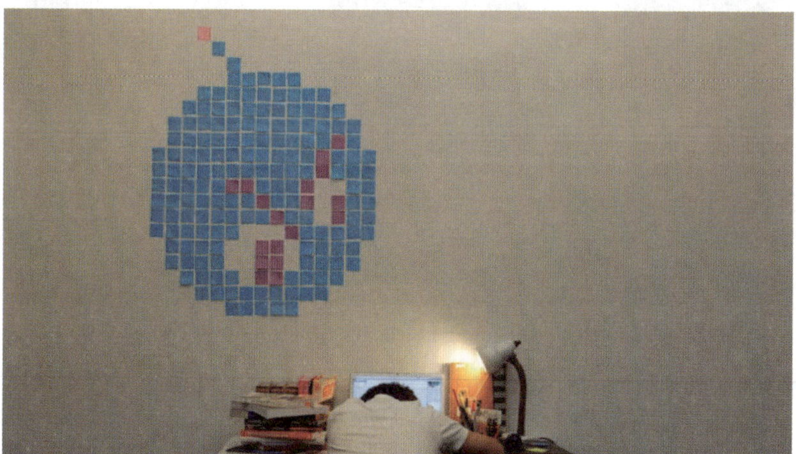

Abbildung 1.5: Screenshot von DEADLINE post-it stop motion

Claymation

Claymation setzt sich zusammen aus dem englischen Wort »clay« (Lehm, Ton) und »motion« (Bewegung). Hier bestehen die Akteure, wie bei Wallace & Gromit, aus Knetmasse oder Plastilin. Diese lassen sich natürlich wunderbar verformen und animieren, der Nachteil ist allerdings, dass sie zuerst modelliert werden müssen und dadurch sehr aufwändig herzustellen sind.

Brickfilm

Die letzte Kategorie ist der Brickfilm. Der Name kommt auch aus dem englischen und bedeutet so viel wie »Steinfilm«. Gemeint ist natürlich kein normaler Stein, sondern ein LEGO-Stein. LEGO eignet sich wunderbar für Stop-Motion-Filme, da es eine Vielzahl an Figuren und Bausteinen gibt, mit denen ganz tolle Sets gebaut werden können. So können Sie ganz einfach Geschichten erzählen, für die Sie bei einem Realfilm ein millionenschweres Budget bräuchten. Mit Brickfilmen können Sie Ihre Lieblingsfilme nachstellen, Geschichten aus Ihrem Leben erzählen oder einfach nur mit Spezialeffekten Ihrer Kreativität freien Lauf lassen!

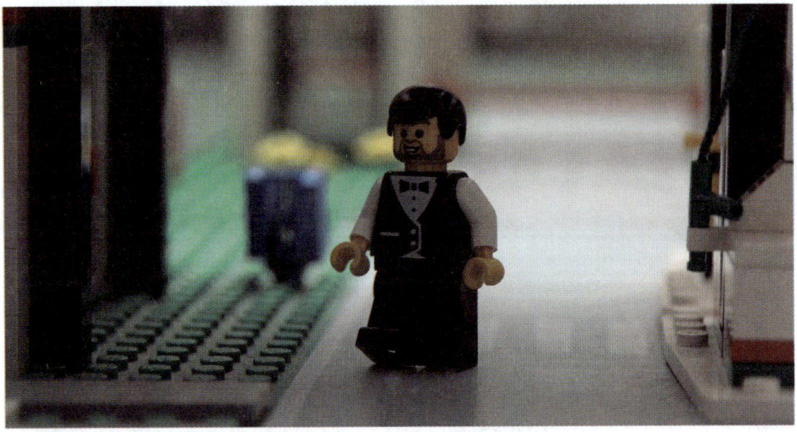

Abbildung 1.6: Eine LEGO-Figur

Die Figuren können am Kopf, an den Armen, Händen und Beinen bewegt werden. Man ist also nicht ganz so flexibel wie mit Knetmasse, aber das ist nicht unbedingt ein Nachteil. Figuren und Hintergrund sind leicht gebaut und die Figuren können einfach bewegt und verändert werden. Der LEGO-Film oder

Brickfilm ist somit meiner Meinung nach die beste Methode, um in die wunderbare Welt der Stop Motion Animation einzusteigen. Ich werde in diesem Buch also die Produktion eines Brickfilmes Schritt für Schritt erklären, prinzipiell gilt die Anleitung aber für jede Art von Stop-Motion-Film.

Zeitraffer

Eine ganz andere Anwendung der Stop-Motion-Technik ist der Zeitraffer-Film. Wie auch bei einem normalen Stop-Motion-Film werden hier einzelne Fotos aufgenommen und danach zu einem Film zusammengefügt. Der große Unterschied besteht allerdings darin, dass bei einem Zeitraffer-Film die Bilder in einem festgelegten Zeitintervall, beispielsweise jede Minute, über einen langen Zeitraum hinweg aufgenommen werden. Mit dieser Methode kann man zum Beispiel Wolkenformationen rasend schnell über den Himmel fegen lassen, einen Sonnenuntergang in wenigen Sekunden zeigen oder einer Pflanze beim Wachsen zusehen.

2 Benötigtes Equipment

Wie ich schon in der Einleitung erwähnt habe, braucht man nicht besonders viel technisches Equipment, um einen Stop-Motion-Film zu produzieren. In diesem Kapitel finden Sie einen Überblick über benötigtes und nicht unbedingt notwendiges, aber praktisches Zubehör.

2.1 Kamera

Sie wollen einen Film drehen, also liegt es auf der Hand, dass Sie eine Kamera brauchen. Der Unterschied zu einem normalen Film liegt allerdings darin, dass Sie anstelle eines Camcorders oder einer Filmkamera eine normale Fotokamera verwenden. Im Grunde können Sie dafür jede beliebige Kamera verwenden, egal ob normale Kompaktkamera, Webcam, Smartphone oder professionelle digitale Spiegelreflexkamera (DSLR).

Jede Kamera hat ihre Vor- und Nachteile, für den Anfang würde ich aber ein Smartphone empfehlen. Mit der passenden App haben Sie hier ein mächtiges Werkzeug in der Hand, mit dem Sie den kompletten Film inklusive Musik, Toneffekte, Titel und Abspann erstellen und auch gleich mit Ihren Freunden teilen können.

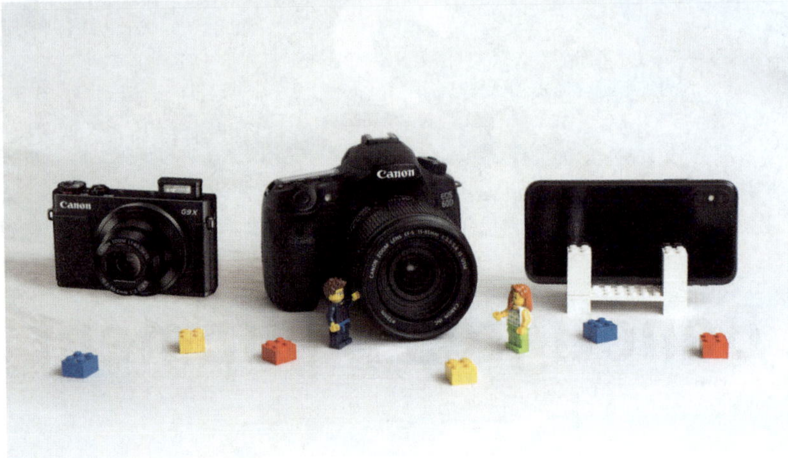

Abbildung 2.1: Kompaktkamera, DSLR und Smartphone – Alle eignen sich für Stop-Motion-Filme

Webcams sind zwar praktisch, da die Bilder sofort auf dem Computer verfügbar sind, bieten aber meist wenig Einstellungsmöglichkeiten und sind qualitativ auch nicht so gut.

Die beste Qualität und die meisten Gestaltungsmöglichkeiten erreichen Sie natürlich mit einer Spiegelreflexkamera. Wenn Sie eine solche Kamera zur Verfügung haben und die grundlegenden Einstellungen wie Blende, Belichtungszeit, ISO und den manuellen Fokus beherrschen, werden Sie dementsprechend bessere Bilder bekommen und Sie haben auch mehr gestalterische Möglichkeiten, vor allem weil Sie den Fokus händisch verändern können. Bei professionellen Stop-Motion-Produktionen werden deshalb fast ausschließlich DSLRs verwendet.

2.2 Zubehör

Mit der Kamera haben Sie das wichtigste schon abgehakt. Um ein bestmögliches Ergebnis zu bekommen, brauchen Sie allerdings auch noch etwas Zubehör.

Unbedingt notwendig ist ein Stativ, denn nur so können Sie die Kamera für lange Zeit auf den gleichen Punkt ausrichten. Außerdem brauchen Sie ja beide

Hände, um die Figuren zwischen den Bildern zu bewegen. Würden Sie einen Stop-Motion-Film ohne Stativ drehen, wird den Zusehern vermutlich schlecht vor lauter wackeln.

Stativ

Stative sind nicht allzu teuer, für einen Stop-Motion-Film muss es auch kein massives Alumodell sein, hier geht es vor allem um Flexibilität. Ich persönlich verwende für meine Filme zwei verschiedene Stative, ein normales um knappe 30 € und ein Ministativ um 10 €. Das Ministativ erlaubt es Ihnen, mit der Kamera ganz dicht an die Figuren heranzukommen und es lässt sich auch wunderbar in einer LEGO-Stadt positionieren.

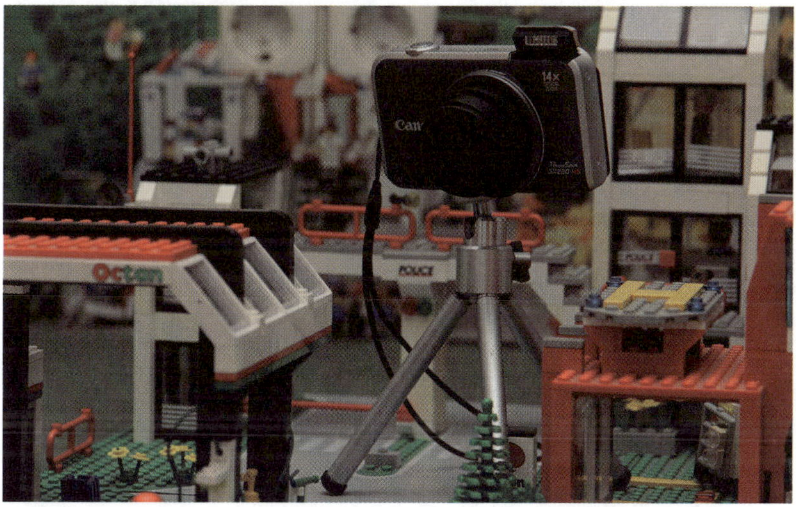

Abbildung 2.2: Die größte Stärke eines Ministatives ist die Flexibilität

Für größere Kameras, höhere Kamerawinkel oder wenn das Set von allen Seiten frei zugänglich ist, können Sie ein normalgroßes Stativ verwenden.

Achten Sie beim Kauf des Stativs darauf, dass sich alle Schrauben fest verschließen lassen und dass das Stativ und die Befestigungsplatte nicht wackeln, denn das würde man im Film merken.

Speicherkarte

Beachten Sie, dass Sie während dem Dreh Unmengen an Fotos schießen werden. Da es sehr unpraktisch ist und den Arbeitsablauf stört, wenn Sie andauernd die Fotos auf den Computer überspielen müssen, empfehle ich, eine Speicherkarte mit ausreichender Speichergröße zu kaufen. Für eine Minute Film benötigen Sie zirka 600 bis 1.000 Fotos, also je nach Größe der Bilder etwa 2 bis 5 GB.

Beleuchtung

Ein weiteres unverzichtbares Zubehör ist die Beleuchtung. Wenn Sie schon einmal Fotos von einem echten Filmset gesehen haben, sind Ihnen vielleicht die vielen Scheinwerfer aufgefallen. Der Grund für diese grelle Beleuchtung ist, dass Kameras viel Licht benötigen, um qualitativ hochwertige Bilder machen zu können. Durch den Einsatz vieler verschiedener Lichtquellen wird das Set außerdem gleichmäßig ausgeleuchtet, um keinen unerwünschten Schatten im Bild zu haben und um genau die gewünschte Lichtsituation zu erreichen.

Dasselbe gilt auch für Stop-Motion-Filme, nur dass hier die Beleuchtung noch viel wichtiger ist als bei normalen Filmen. Wenn Sie Ihren Film mit natürlichem Licht, also neben einem Fenster drehen, verändert sich das Licht zwischen den einzelnen Bildern. Das führt dazu, dass die Bilder unterschiedlich belichtet werden und der Film flackert.

Sie müssen sich keine Scheinwerfer zulegen, zwei bis drei Schreibtischlampen sollten schon genügen. Wichtig ist nur, dass das Licht nicht nur aus einer Richtung, und schon gar nicht nur von einer Deckenlampe kommt. Diesen Effekt können Sie auch mit einem externen Blitz und Reflektoren erreichen, externe Blitze werden aber meist nur von DSLRs unterstützt.

Fernbedienung

Falls Sie Ihren Stop-Motion-Film mit einem Smartphone oder einer DSLR drehen, gibt es ein sehr praktisches Zubehör, das Ihnen den Dreh erheblich erleichtern kann: eine Fernbedienung.

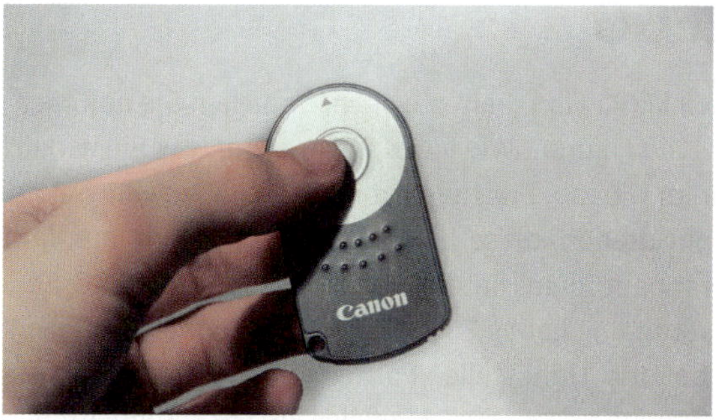

Abbildung 2.3: Die Fernbedienung für meine Canon EOS 60D

Solche Remotes gibt es für sehr viele Kameratypen von den verschiedensten Herstellern. Die einzige Voraussetzung ist, dass die Kamera über einen Infrarotempfänger oder die Anschlüsse für eine kabelgebundene Fernbedienung verfügt. Beim Smartphone funktioniert das über Bluetooth.

Eine Fernbedienung ist in zweierlei Hinsicht praktisch. Erstens muss sich die Kamera nicht unbedingt in Griffweite befinden, um ausgelöst zu werden, und zweitens müssen Sie die Kamera nicht immer berühren. Dadurch vermeiden Sie, dass Sie beim Auslösen die Position der Kamera minimal verändern, was den fertigen Film unangenehm wackeln ließe.

Mikrofon

Wenn Sie zu Ihrem Film auch Ton wie zum Beispiel Dialoge oder Soundeffekte hinzufügen möchten, brauchen Sie außerdem ein Mikrofon. Hier hängt es davon ab, wie anspruchsvoll Sie sind.

Beinahe alle Notebooks haben ein Mikrofon eingebaut, allerdings hört man hier häufig die Lüfter und die Festplatte als unangenehmes Surren im Hintergrund.

Eine Alternative ist das Smartphone. Neuere Modelle haben bereits sehr gute interne Mikrofone und eine Aufnahmefunktion.

Als ambitionierter Hobbyregisseur können Sie sich natürlich auch ein externes Mikrofon für den Computer zulegen. Das ist zwar kostspieliger, zahlt sich in Sachen Soundqualität aber auf jeden Fall aus.

2.3 LEGO

Da Sie ja einen LEGO-Film drehen wollen, brauchen Sie natürlich auch ausreichend Steine und Figuren. Wie viel und vor allem was Sie wirklich benötigen, hängt von Ihrem Film ab. Prinzipiell können Sie einen Film mit nur einer einzigen LEGO-Figur drehen, diese können Sie dann durch Ihre Wohnung laufen lassen oder vor neutralem Hintergrund filmen. Je mehr LEGO-Steine und -Sets Sie aber zur Verfügung haben, desto besser. So können Sie beispielsweise aus ein paar Gebäuden (Tankstelle, Polizeistation, Feuerwehr,...) eine richtige LEGO-Stadt aufbauen. Ideal dazu sind die LEGO-Straßenplatten, die es auch in verschiedenen Ausführungen als Kurven und Kreuzungen gibt.

Ein tolles Zubehör ist auch die große 38x38cm LEGO Bauplatte Asphalt, auf der Sie problemlos große Teile Ihres Sets aufbauen können.

Idee
Lassen Sie doch mal all Ihre LEGO-Steine in Mustern über das Bild laufen und sich selbst zu einem Turm aufbauen.

Überlegen Sie sich schon in der Konzeptionsphase, ob Ihre Idee mit den verfügbaren Mitteln machbar ist. Sie können logischerweise keine Verfolgungsjagd drehen, wenn Sie keine Straßen und LEGO-Autos zur Verfügung haben!

Idee
Bauen Sie aus den Straßenplatten ein Set für eine Verfolgungsjagd! Als Hintergrund können Sie Bäume und alle Ihre LEGO-Gebäude verwenden.

2.4 Computer und Software

Wenn Sie mit einer Webcam, DSLR oder Kompaktkamera drehen, brauchen Sie noch einen Computer, um die Bilder zu bearbeiten und zu einem Film zusammenzufügen. Aber auch beim Dreh mit einem Smartphone kann es notwendig sein, den Film auf den Computer zu übertragen, etwa um Spezialeffekte hinzuzufügen.

Um flüssig mit HD Videomaterial arbeiten zu können empfehle ich folgende Konfiguration:

- ein aktuelles Betriebssystem wie Apple macOS 14 Sonoma oder Microsoft Windows 11
- mindestens 16 GB RAM
- eine aktuelle Grafikkarte
- mindestens 10 GB Speicherplatz für Fotos und Projektdateien

Das sind natürlich nur Richtwerte. Generell gilt: je schneller der Computer, desto besser. Eine bessere Grafikkarte und ein schnellerer Prozessor verkürzen die Wartezeiten beim Rendern von Videos und beschleunigen den Arbeitsablauf beim Schneiden und Bearbeiten.

In Kapitel 9 werde ich das Erstellen eines Films mit Hilfe der jeweils vorinstallierten Schnittprogramme (iMovie für macOS, Microsoft Fotos für Windows) erklären, es gibt aber auch spezielle Stop-Motion-Software, mit der es einfacher funktioniert. Um diese Programme herunter zu laden, benötigen Sie außerdem noch eine Internetverbindung.

Neben diesen benötigten Programmen gibt es auch noch einige Programme, die Sie nicht unbedingt brauchen, die aber sehr nützlich sind. Später bei den Spezialeffekten werden Sie ein Bildbearbeitungsprogramm (idealerweise Adobe Photoshop oder die freie Alternative GIMP) benötigen, um Sprünge und Flüge zu simulieren.

Schnitt und Farbkorrektur können zwar auch mit den vorinstallierten Programmen gemacht werden, es gibt aber auch professionellere Software wie Adobe Premiere Pro (Mac & Windows) oder Final Cut Pro X (Mac).

Wenn Sie Ihre Stop-Motion-Filme auf ein komplett neues Level bringen möchten, sollten Sie sich auch überlegen, in ein Komplettpaket wie das Programm Dragonframe (*http://www.dragonframe.com*) zu investieren. Es punktet mit professioneller Ausstattung wie Onion Skin (Überlagerung des vorherigen Bildes) und Lip-Sync (Synchronisieren der Mundbewegungen der Akteure mit der Tonspur) und kann sogar die Kamera fernsteuern.

2.5 Stop Motion mit dem Smartphone

Die beste Kamera ist die, die man immer in der Hosentasche hat. Und mit den richtigen Apps und Zubehörteilen wird das Smartphone zur besten Stop-Motion-Kamera, die man sich vorstellen kann.

Im App Store und Google Play Store gibt es eine Vielzahl an Stop-Motion- und Timelapse-Apps, aber ich verwende die App »Stop Motion Studio«. Die App ist für iOS und Android verfügbar und für den Beginn kostenlos zu verwenden. Einzelne Zusatzpakete für erweiterte Funktionen können dann entweder einzeln freigeschaltet werden, oder Sie kaufen gleich die Vollversion »Stop Motion Studio Pro«. Mit dieser vielseitigen App können Sie Bilder aufnehmen, zusammenfügen, Musik und Toneffekte hinzufügen sowie dem Film mit Spezialeffekten, Titel und Abspann den letzten Feinschliff geben. Wenn Sie sich für den Dreh mit einem Smartphone entscheiden, finden Sie in den Kapiteln zum Dreh und der Nachbearbeitung detaillierte Beschreibungen, wie Sie Ihre Filmidee mit »Stop Motion Studio Pro« umsetzen können.

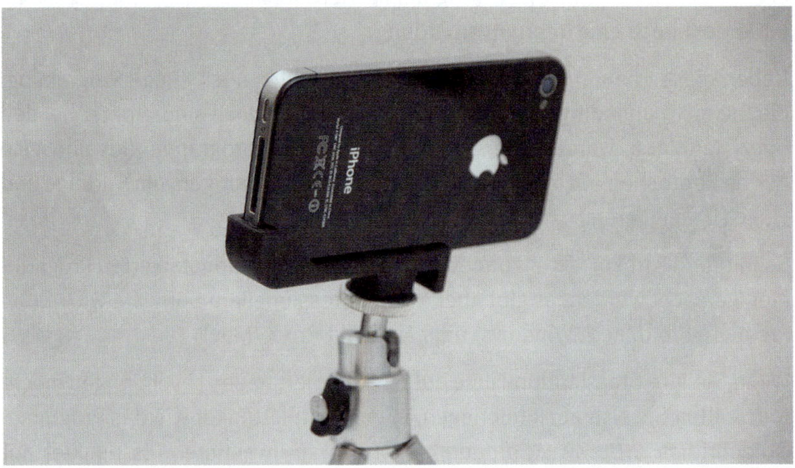

Abbildung 2.4: Ein iPhone wird mit einem Adapter auf dem Stativ befestigt.

Ein Problem haben wir jetzt aber noch: Für den Stop-Motion-Dreh darf sich Ihr Smartphone nicht bewegen. Es muss also fixiert werden, und dafür gibt es zwei Möglichkeiten. Am flexibelsten sind Sie mit einem Stativadapter für Ihr

Smartphone, diese gibt es in unterschiedlichen Ausführungen und Preisklassen. Meistens handelt es sich dabei um eine Art Klammer, die Sie an Ihrem Smartphone befestigen. An der Unterseite der Klammer befindet sich dann ein Gewinde, mit dem Sie das Gerät – wie eine normale Kamera – an einem Fotostativ befestigen können. Fragen Sie einfach beim Elektrofachhändler Ihres Vertrauens.

Die zweite Möglichkeit ist es, eine Halterung selbst zu basteln. Je nach Szene kann es sein, dass Sie mit der Kamera sehr nahe an das Geschehen heranwollen. Mit einer Konstruktion aus LEGO-Steinen sind Sie hier sehr flexibel und können das Smartphone direkt in das Set einbauen. Wie das aussehen könnte, sehen Sie hier.

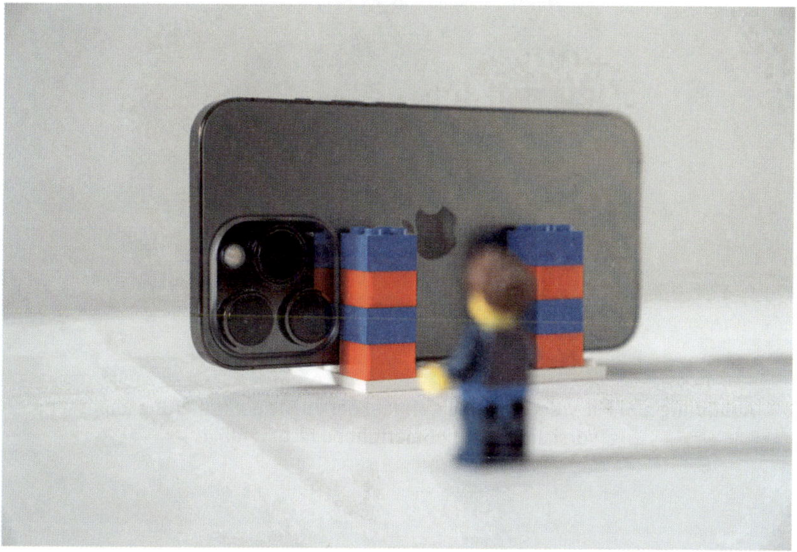

Abbildung 2.5: Ein iPhone mit selbstgebauter LEGO-Halterung

Mit verschiedenen LEGO-Steinen können Sie den Winkel und die Höhe der Kamera flexibel steuern. Normalerweise wird das Smartphone zum Filmen im Querformat verwendet, damit Sie den Film im üblichen 16:9 oder 21:9 Format aufnehmen können. Für TikTok oder Instagram können Sie aber natürlich auch bewusst im Hochformat drehen.

Tipp

Bei vielen Smartphones ist die Rückkamera nicht in der Mitte, sondern im linken oberen Eck. Wenn Sie möglichst nahe an die kleinen LEGO-Figuren herankommen wollen, drehen Sie Ihr Smartphone in der Halterung so, dass die Kamera unten ist.

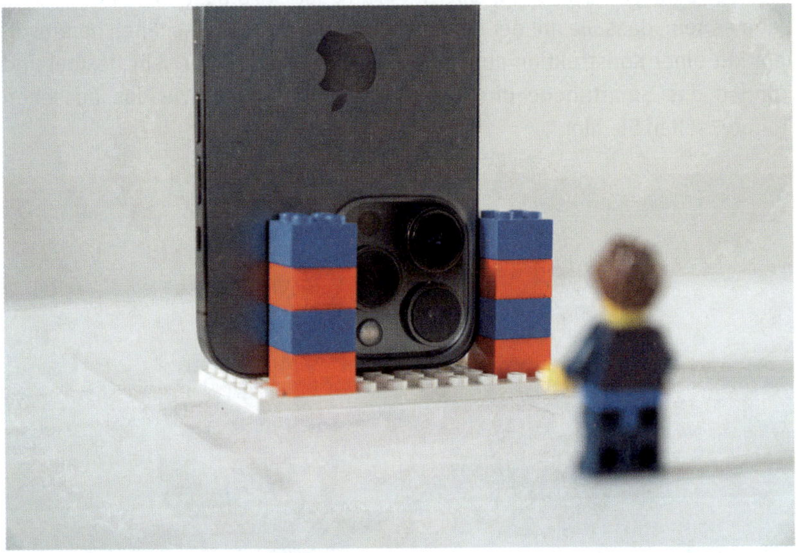

Abbildung 2.6: Für Videos im Hochformat können Sie die Halterung anpassen. Vorsicht, dass Ihr Smartphone nicht umfällt!

3 Ideen finden

Manchmal ist es gar nicht so einfach, die zündende Idee für ein Projekt zu haben. Dieses Kapitel soll Ihnen dabei helfen, die ideale Geschichte für Ihren Stop-Motion-Film zu finden.

Sie werden in diesem Buch außerdem immer wieder kleine Kästchen finden, in denen Ideen und Anregungen für einen Stop-Motion-Film beschrieben sind. Probieren Sie sie aus! Nach und nach werden Ihnen dann auch selbst immer wieder Ideen kommen, die Sie ausprobieren möchten.

3.1 Inspirieren lassen

Wie ich schon in der Einleitung erwähnt habe, entwickelte sich Stop Motion in den letzten Jahren zu einem regelrechten Internet Trend. Wenn Sie also Inspiration für Ihr Projekt suchen, sind Sie auf Videoseiten wie YouTube bestens aufgehoben. In diesem Kapitel habe ich für Sie einige der besten Beispiele herausgesucht.

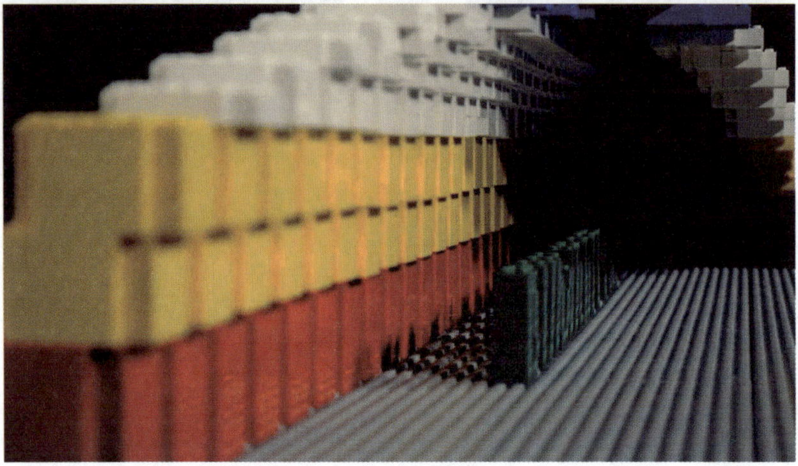

Abbildung 3.1: Screenshot von Rymdreglage – 8-bit trip

Dieser Stop-Motion-Film vom YouTube User »Rymdreglage« ist deshalb so besonders, weil er ganz ohne klassische LEGO-Figuren auskommt. Säulen und Wellen aus LEGO bauen sich auf und bewegen sich im Takt zur Musik. Durch die ruhigen Kamerabewegungen wirkt das Video sehr dynamisch.

Um so einen Film realisieren zu können, brauchen Sie eine große LEGO-Platte, sehr viele LEGO-Steine und noch viel mehr Geduld.

https://youtu.be/4qsWFFuYZYI

Idee

Visualisieren Sie Ihren Lieblingssong mit sich im Takt bewegenden LEGO-Steinen. Lassen Sie die Steine einzelne Worte aus dem Songtext bilden. Oder drehen Sie ein Musikvideo, das die Stimmung des Liedes widerspiegelt.

LEGO – The Force Unleashed

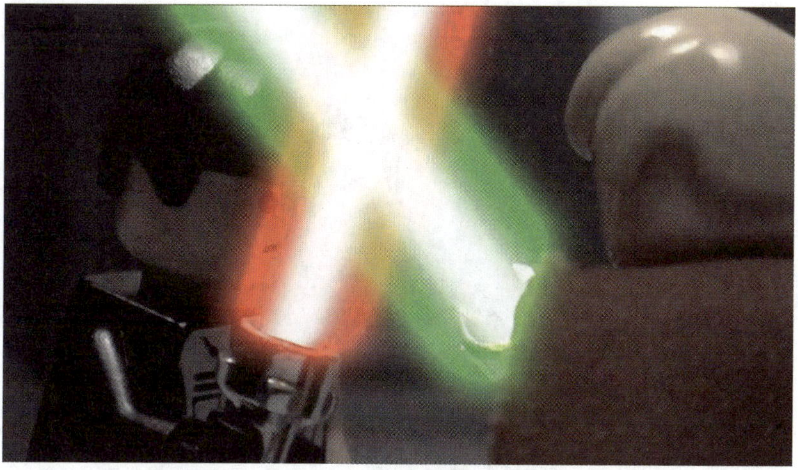

Abbildung 3.2: Screenshot von LEGO – The Force Unleashed

YouTube User »Fancy Pants« wollte laut Videobeschreibung das »coolste Laserschwert Duell« kreieren. Für die Spezialeffekte wie die Laserschwerter und die Blaster benutzte er das Programm Adobe Photoshop.

Ein derartiges Video ist mit einem sehr hohen Zeitaufwand verbunden, da die Bilder nachher am Computer Bild für Bild nachbearbeitet werden müssen und die hochkomplexen Kampfszenen sehr schwierig zu animieren sind.

http://youtu.be/ijpH6an-JIQ

Idee
Lassen Sie Ihre LEGO-Figuren doch auch mit den Fäusten, in einem klassischen Westernduell oder mit Ritterrüstung und Schwert gegeneinander antreten. Oder filmen Sie eine andere Art von Wettkampf, beispielsweise ein Fußballturnier.

LEGO Matrix Trinity Help

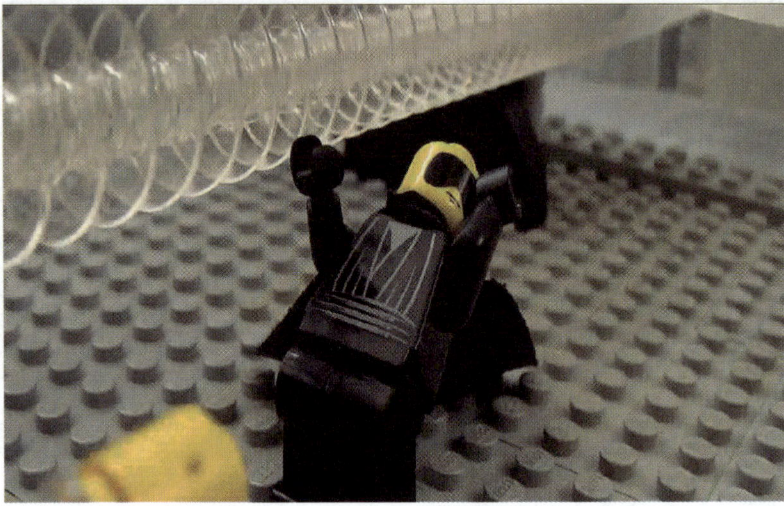

Abbildung 3.3: Screenshot von LEGO Matrix Trinity Help

»LegoAgentJones« benötigte für den Dreh dieses Videos laut eigenen Angaben 440 Stunden. Der Clip ist eine exakte Kopie der berühmten Dachszene aus dem Film »The Matrix«. Alle Effekte wurden manuell, also ohne Computer, realisiert.

http://youtu.be/iDe4v318f64

Auf der Webseite der Macher dieses Videos (*http://www.legomatrix.com*) finden Sie interessante Artikel und Videos über die Entstehungsgeschichte dieses einzigartigen Projekts.

Idee
Stellen Sie eine Szene Ihres Lieblingsfilmes mit einem Stop-Motion-Film nach. Sehen Sie sich dazu die Szene ganz genau an und versuchen Sie, das Set und die Kamerabewegungen möglichst detailgetreu nachzuahmen.

3.2 Klassische LEGO-Filmthemen

Wenn Sie sich schon einmal ein wenig auf YouTube nach Stop-Motion-Filmen umgesehen haben, ist Ihnen sicher schon aufgefallen, dass es einige sehr beliebte Themen gibt.

Viele Hobbyregisseure entscheiden sich, eine Szene aus einem bekannten Film nachzustellen. Da es für viele Filme wie zum Beispiel »Star Wars«, »Harry Potter« oder »Herr der Ringe« offizielle LEGO-Sets und Figuren gibt, lässt sich das auch relativ einfach bewerkstelligen.

Idee

Seien Sie kreativ und lassen Sie Ihren Lieblingscharakter ganz neue Abenteuer erleben! Wie würde sich beispielsweise Gandalf in der heutigen Welt schlagen? Und würde Harry Potter in einem Duell gegen Darth Vader gewinnen?

Es muss aber nicht immer ein actiongeladener Thriller sein, Sie können auch in die LEGO-Welt eintauchen und einen ganz normalen Tag in der LEGO-Stadt filmen.

Idee

Ein Stop-Motion-Film ist auch eine perfekte Möglichkeit, um Erinnerungen zu erhalten. Schenken Sie Ihrem Partner die Stop-Motion-Version Ihres ersten Dates oder Ihrer Hochzeit.

Sie können auch eine Art Stop-Motion-Tagebuch führen und mithilfe von LEGO-Figuren einen normalen Tag in Ihrem Leben nachstellen.

Eine andere Möglichkeit ist beispielsweise, den Bau eines Hauses im Zeitraffer zu zeigen, wie ich es in diesem kurzen Video gemacht habe.

http://youtu.be/X9VWYtvLLAg

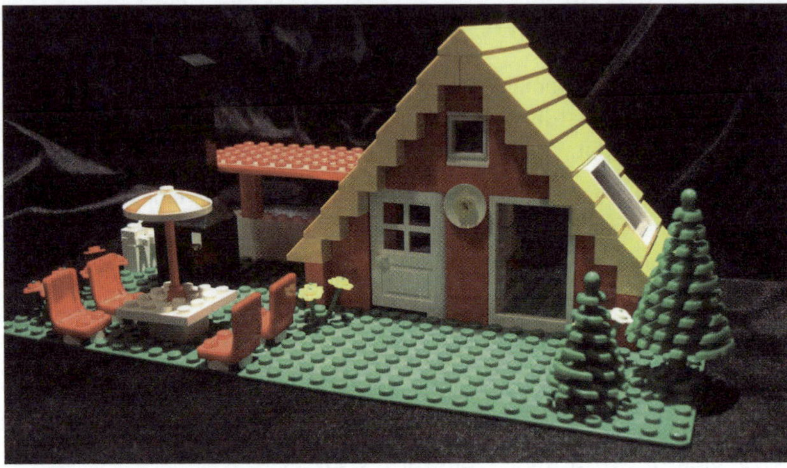

Abbildung 3.4: Stop Motion Animation eines LEGO-Hauses, das sich von selbst aufbaut

Idee
Bauen Sie Ihr Lieblings-LEGO-Modell zusammen und fotografieren Sie jeden Schritt. Sie können die Teile auch schrittweise an ihren richtigen Platz bewegen und so den Eindruck erwecken, das Modell baue sich von selbst zusammen.

Der größte Vorteil der Stop-Motion-Technik ist, dass Ihrer Fantasie fast keine Grenzen gesetzt sind. Nutzen Sie diese Freiheiten! Wann sonst bekommen Sie die Gelegenheit, wilde Verfolgungsjagden mit dem Auto oder epische Kämpfe um eine Ritterburg zu filmen?

Idee
Nutzen Sie Ihre Möglichkeiten und setzen Sie Ihre LEGO-Sets in Szene! Haben Sie ein Set aus dem »The LEGO Movie«? Dann stellen Sie doch eine Szene aus dem Film nach, oder lassen Sie Wyldstyle und Emmet ein ganz neues Abenteuer erleben!

4 Grundsätzliches zum Film

In diesem Kapitel beschäftige ich mich weniger mit Stop Motion als mit dem Medium Film generell. Ein Stop-Motion-Film ist im Grunde genommen auch nur ein Film wie jeder andere, und es gibt einige wichtige Gestaltungsmöglichkeiten und Tricks, wie Sie Ihr Werk noch professioneller aussehen lassen können.

Diese »Kunst des Filmens« wird in der Fachsprache Cinematografie genannt und beinhaltet einige Regeln, mit deren Hilfe Sie ohne großen Aufwand erstaunliche Ergebnisse erzielen können.

4.1 Kameraeinstellungen

Obwohl der Zuseher die Kamera nie zu Gesicht bekommt, ist sie wohl das wichtigste Gestaltungselement eines Filmes. Sie ist das Fenster, durch das der Zuseher in die Welt des Filmemachers blickt.

Der häufigste Fehler, der bei Stop-Motion-Filmen gemacht wird, ist, die Kamera zu hoch zu positionieren und von oben auf das Set zu fotografieren. Das ist ja auch naheliegend, weil die Figuren und Objekte sehr klein sind und wir selbst auch meistens von oben darauf blicken. Für einen Stop-Motion-Film müssen Sie sich aber mit der Kamera auf das Niveau der LEGO-Figuren begeben und in ihrer Augenhöhe positionieren, so wie Sie es bei echten Menschen auch tun würden. Nur so können Sie den Zuschauer in die Welt der LEGO-Figuren eintauchen lassen.

Mit der Position und Blickrichtung der Kamera können Gefühle hervorgerufen und Spannung erzeugt werden. Damit Sie dieses Werkzeug bewusst einsetzen können, habe ich hier die drei gängigsten Kameraeinstellungen für Sie aufgelistet.

Totale

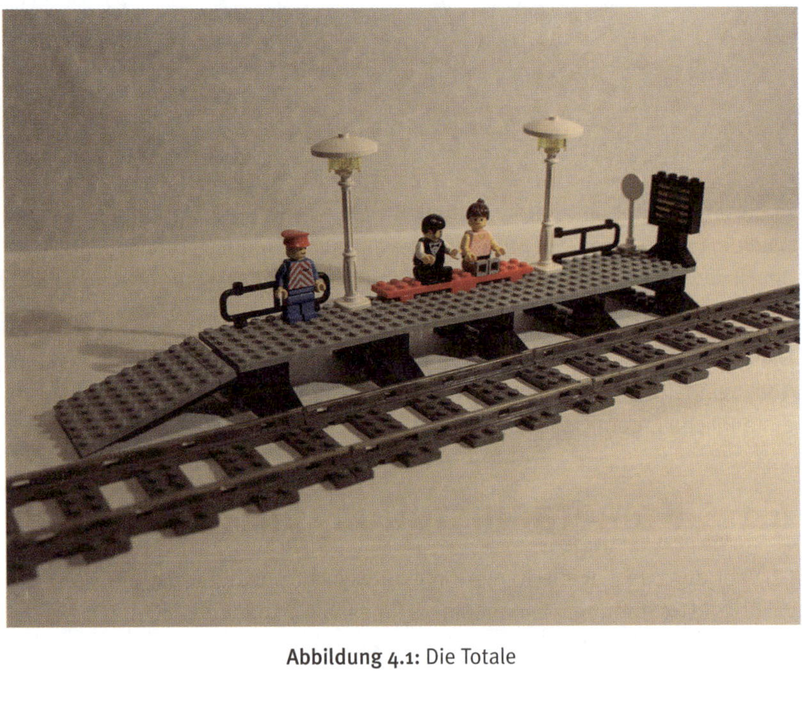

Abbildung 4.1: Die Totale

Die Totale bietet einen großflächigen Überblick über das Geschehen. Sie eignet sich ideal als Einstieg in eine neue Szene, da der Zuschauer auf einen Blick erkennen kann, in welcher Umgebung sich die Darsteller befinden. Die Figuren selbst aber wirken unwichtig, Emotionen sind nicht zu erkennen.

Verwenden Sie zwischendurch immer wieder diese Kameraeinstellung, damit der Zuschauer nicht die Orientierung verliert, aber verwenden Sie sie nicht zu oft, da die Figuren hier unnahbar wirken und dadurch eher uninteressant erscheinen.

Halbtotale

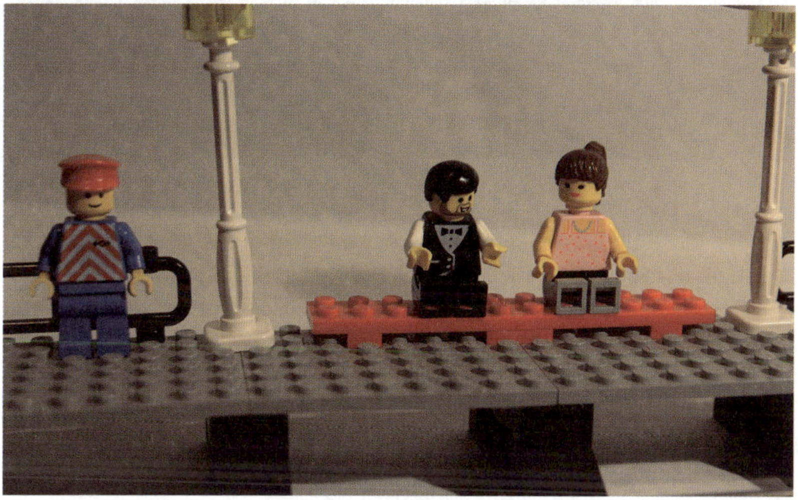

Abbildung 4.2: Die Halbtotale

Diese Kameraeinstellung ist wohl die am häufigsten verwendete. Die Figuren sind im Mittelpunkt und von Kopf bis Fuß zu sehen, aber es wird noch genug von der Umgebung gezeigt.

Setzen Sie diesen Blickwinkel ein, um Actionszenen oder andere Handlungen zu zeigen, denn die Halbtotale lässt den Figuren genug Raum, um sich zu bewegen und miteinander zu interagieren.

Close-Up

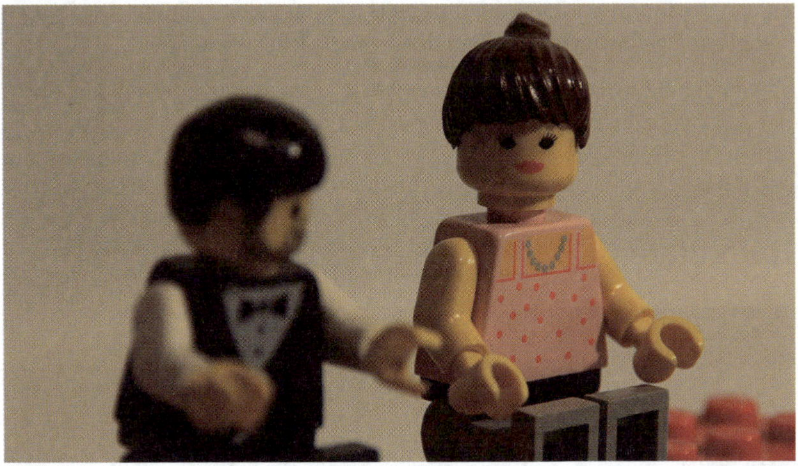

Abbildung 4.3: Close-Up

Mit der Close-Up-Einstellung gehen Sie ganz nahe ans Geschehen heran. Meist gilt der Fokus dem Gesicht einer Figur oder einem bestimmten, wichtigen Gegenstand. Diese Kameraeinstellung ist die ausdrucksstärkste, sie vermittelt Nähe zum Charakter und Emotionen.

Durch den häufigen Einsatz dieser Kameraeinstellung wirkt Ihr Film interessant und spannend und Sie bieten den Zuschauern die Möglichkeit, sich mit den Protagonisten zu identifizieren. Aber Achtung: Da Sie hier nur einen kleinen Ausschnitt des Sets zeigen, kann diese Einstellung auf Dauer verwirrend wirken.

Idee
Drehen Sie ein und dieselbe Szene mit allen drei Kameraeinstellungen und vergleichen Sie, wie sich die Wirkung auf den Zuseher verändert.

Wie Sie sehen, hat jede Einstellung ihre Vor- und Nachteile. Bedenken Sie das während dem Dreh und verwenden Sie für Ihren Film einen guten Mix aus allen Einstellungen. Bei einem Stop-Motion-Film ist das Verändern des Kamerawinkels keine Hexerei, Sie müssen nur das Stativ anders positionieren und den

Zoomfaktor ändern, schon haben Sie ein komplett anderes Bild mit einer komplett anderen Wirkung.

4.2 Bildkomposition mit Tiefenunschärfe

Der Begriff Tiefenunschärfe bedeutet, dass der Vorder- und Hintergrund unscharf sind und das Hauptmotiv scharf ist. Dieser Effekt lässt Ihre Bilder nicht nur professioneller und optisch ansprechender wirken, Sie können damit auch die Aufmerksamkeit des Zuschauers steuern. Wie geht das? Wenn Sie aus dem Fenster blicken, können Sie sich bewusst auf ein Objekt konzentrieren und Ihre Augen stellen darauf scharf. Bei einem Film jedoch ist die sogenannte Schärfeebene fix, der Zuschauer kann sie nicht verändern. Umso wichtiger ist es deshalb, dass Sie während des Drehs diese Schärfeebene richtig wählen, da das Bild sonst sehr irritierend wirken kann.

In meiner LEGO-Stadt hat sich ein Unfall ereignet! So tragisch das für die Betroffenen auch ist, bietet es eine tolle Gelegenheit für mich, dieses Prinzip etwas anschaulicher zu erklären.

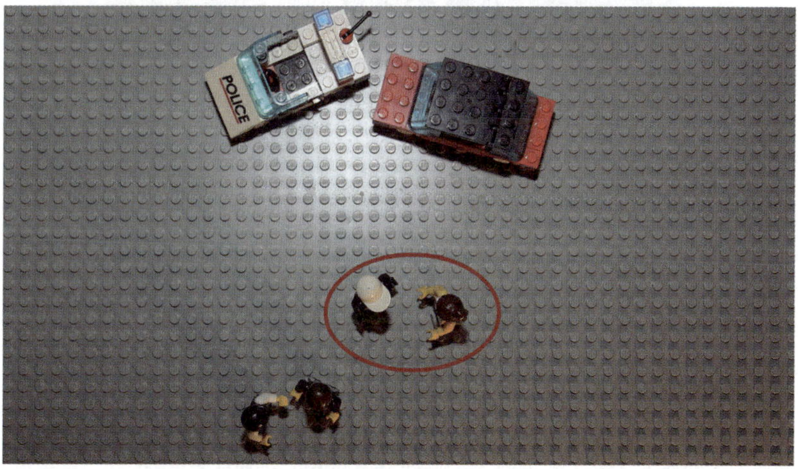

Abbildung 4.4: Die Szene aus der Vogelperspektive

Der Polizeihubschrauber hat dieses Bild von oben aufgenommen. Markiert mit einem roten Kreis sehen Sie einen Polizisten mit einer weißen Kappe, der gerade eine Frau verhört. Wir wollen jetzt für unseren Film genau diesen Dialog verwenden und haben drei Testbilder geschossen.

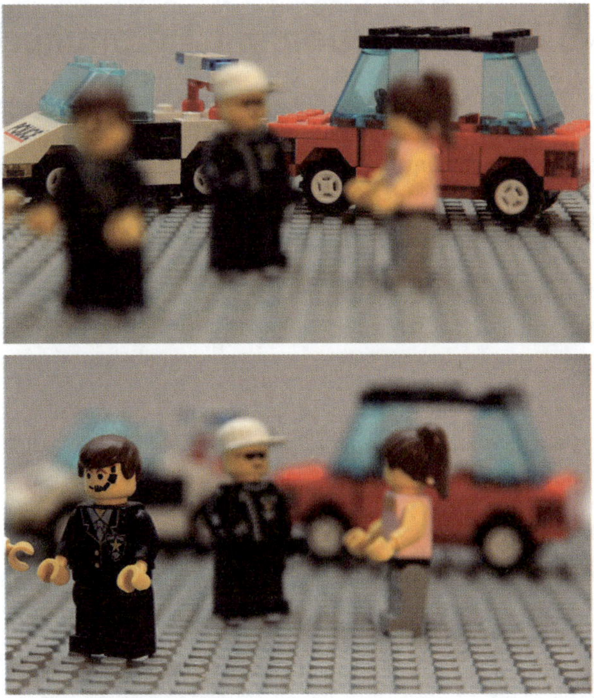

Abbildung 4.5: Diese Bilder sind falsch fokussiert

Wenn Sie sich diese beiden Bilder ansehen, wird Ihnen auffallen, dass der Polizist mit der weißen Kappe nur schwer zu erkennen ist. Beim ersten Bild wurde auf den Hintergrund, nämlich auf die Autos, fokussiert, beim zweiten Bild auf den zweiten Polizisten mit den braunen Haaren. Die Schärfeebene ist somit in beiden Fällen falsch gewählt.

Das Problem ist, dass die meisten Kameras keinen manuellen Fokus haben und mit dem Autofokus die Schärfeebene selber wählen. Dabei versucht die Kamera zu »erraten«, was denn das Hauptmotiv ist und stellt darauf scharf. Viele moderne Kameras und auch Smartphones bieten aber bereits die Möglichkeit, den Fokus durch tippen auf das Motiv zu verändern. Lesen Sie in der Gebrauchsanweisung Ihrer Kamera nach, ob sie über diese Funktion verfügt.

Wenn Sie eine Spiegelreflexkamera besitzen, können Sie für Ihren Stop-Motion-Film den Autofokus abschalten und händisch auf das gewünschte Motiv scharf stellen. Und auch bei speziell für Stop Motion entwickelten Smartphone-Apps gibt es die Option, den Fokus rein manuell einzustellen. So können Sie sicher sein, dass die Schärfeebene immer richtig liegt. Dabei dürfen Sie aber nicht vergessen, den Fokus nach jedem Bild wieder neu einzustellen!

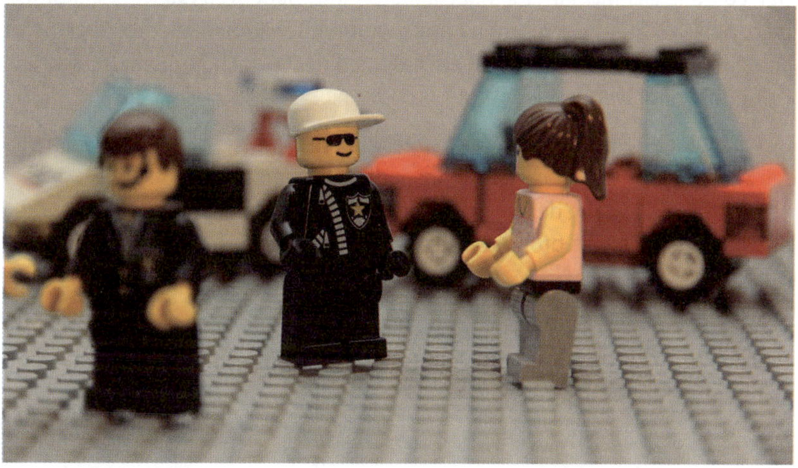

Abbildung 4.6: Der Polizist ist scharf zu erkennen – so soll es sein!

Genau so soll es sein: der Vorder- und Hintergrund sind unscharf und das Hauptmotiv ist glasklar zu erkennen.

Die Intensität dieses Effekts hängt von Ihrer Kamera und Ihrem Objektiv ab. Bei einer Spiegelreflexkamera können Sie den Effekt verstärken, indem Sie die Blende ganz öffnen (= möglichst kleine Blendenzahl, z.B. auf f4 oder weniger). Falls Sie eine Kompaktkamera haben, hilft es, die Kamera etwas von der Szene zu entfernen und herein zu zoomen. Viele Kameras haben außerdem einen sogenannten »Makromodus« (meist durch ein Blumensymbol gekennzeichnet), der die Tiefenunschärfe ebenfalls verstärkt.

Idee

Setzen Sie den Unschärfeeffekt auch mal kreativ ein, um beispielsweise zu zeigen, dass der Hauptcharakter verwirrt oder müde ist, oder seine Brille vergessen hat.

4.3 Der goldene Schnitt

Der goldene Schnitt ist eines der ältesten und bedeutendsten Designprinzipien. Schon in der griechischen Antike wurden Gebäude nach den Regeln des goldenen Schnittes gebaut und er wird auch heute noch gerne in Design und Fotografie angewendet.

Beim goldenen Schnitt wird eine Länge oder ein Winkel so in einem bestimmten Verhältnis geteilt, dass es ein besonders harmonisches Bild ergibt. Da dieses Verhältnis auch in der Natur bei Pflanzen und Kristallen vorkommt, wurde er im Lateinischen als proportio divina, also »Göttliche Teilung«, bezeichnet.

Wenn die Höhe und Breite eines Bildes jeweils 100% ergeben, teilt der goldene Schnitt das Bild bei 62% seiner Höhe und Breite. Es ist egal, ob dieser Schnittpunkt rechts oder links, oben oder unten ist.

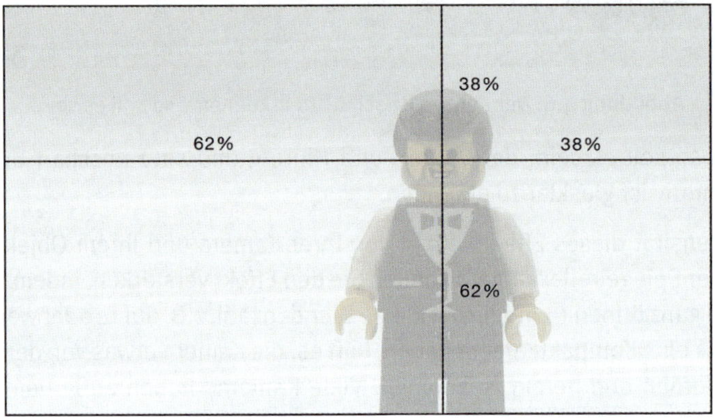

Abbildung 4.7: Der goldene Schnitt

Aber was sagt das aus und wie können Sie das bei Ihrem Stop-Motion-Film anwenden? Wenn Sie die Kamera und die Figuren aufstellen, sollten Sie darauf achten, dass die Figuren nicht immer in der Mitte des Bildes positioniert sind, sondern etwas seitlich. Beim Schnittpunkt der beiden Trennlinien sollte ein markantes Motiv sein, zum Beispiel der Kopf der Figur.

Sie müssen natürlich nicht mit Lineal und Taschenrechner anrücken, der goldene Schnitt sollte nur ein Richtwert sein. Wenn Sie diese Überlegung während des Drehs im Kopf behalten, wird Ihr Film um einiges interessanter aussehen!

4.4 Die Drittelregel

Ein ähnliches Gestaltungsgesetz wie der goldene Schnitt ist die Drittelregel. Dabei wird das Bild sowohl horizontal als auch vertikal, also der Höhe und Breite nach in drei gleich große Teile eingeteilt.

Dadurch soll verhindert werden, dass man im ganzen Film Figuren nur in der Mitte des Bildes platziert, was im Allgemeinen als nicht so harmonisch wahrgenommen wird. Durch die Positionierung im linken oder rechten Drittel bekommt die Figur auf einer Seite etwas Freiraum, um zu handeln und sich zu bewegen. Sie ist sozusagen nicht so eingeengt.

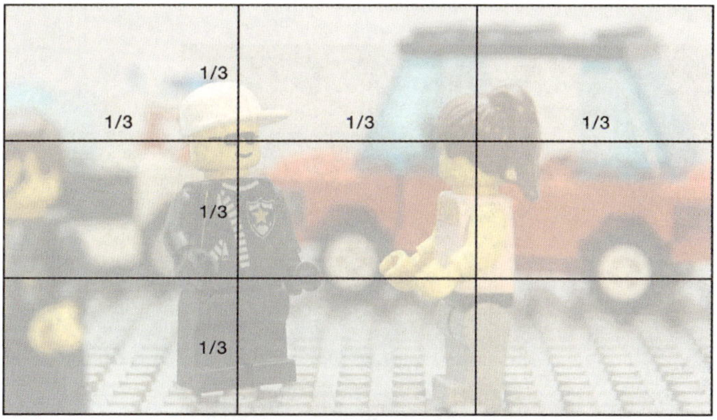

Abbildung 4.8: Das Bild wird horizontal und vertikal gedrittelt

Um optisch ansprechende Bilder zu fotografieren, richten Sie Ihre Figuren an den Linien aus. Positionieren Sie zum Beispiel bei einem Dialog die Köpfe der Figuren an Schnittpunkten zweier Linien. Ein markantes horizontales Merkmal wie zum Beispiel eine Straße können Sie an einer der zwei horizontalen Linien ausrichten.

Viele Kameras bieten die Möglichkeit, dieses Gitter auf dem Display einzublenden. Suchen Sie im Kameramenü nach dieser praktischen Option, denn so können Sie die Figuren leicht positionieren.

Idee
Probieren Sie diese Gestaltungsrichtlinien aus. Ordnen Sie dieselbe Szene einmal unwillkürlich, einmal nach dem Goldenen Schnitt und einmal nach der Drittelregel an. Was gefällt Ihnen am besten?

4.5 Bildformate

Das Bild ist das Fenster, durch das der Zuschauer in Ihre Welt blickt. Natürlich spielt es da eine große Rolle, welches Format dieses Fenster hat! Bildformate werden immer als Verhältnis der Breite des Bildes zur Höhe des Bildes angegeben.

In diesem Kapitel werde ich die drei bekanntesten Bildformate für Filme vorstellen: 4:3, 16:9 und 21:9.

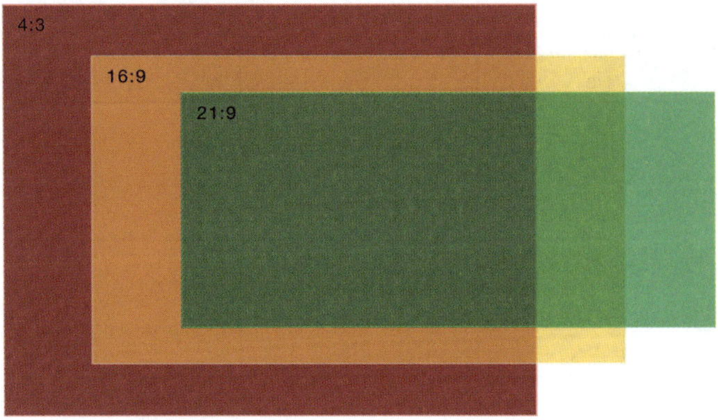

Abbildung 4.9: 4:3 (rot), 16:9 (orange), 21:9 (grün)

Das 4:3 Format war vor der Einführung von Flat-TVs und HDTV das Standardformat für Videos und Fernsehübertragungen. Viele Kompaktkameras schießen Fotos in diesem Seitenverhältnis (oder im ähnlichen 3:2 Verhältnis). Für Ihren

Stop-Motion-Film ist es jedoch eher weniger geeignet, da moderne Monitore das breitere 16:9 oder 16:10 Format haben. Bei Ihrem Film würde der Zuschauer in diesem Fall also links und rechts störende schwarze Balken sehen.

Das Seitenverhältnis 16:9 ist heutzutage der Standard für Filme. Alle modernen Videokameras filmen in diesem Format, das genau dem Seitenverhältnis moderner Fernseher und Computermonitore entspricht. So kann der Film auf dem Monitor bildschirmfüllend ohne schwarze Balken wiedergegeben werden. Auch wenn Sie Ihren Film im Hochformat drehen wollen, ist 16:9 das passende Format – in dem Fall wird es oft auch als 9:16 bezeichnet. Das ist das typische Format für TikTok-Videos und Reels auf Instagram.

21:9 ist das sogenannte CinemaScope-Format. Es wird vor allem bei Kinofilmen verwendet, damit die Zuschauer dank der breiten Kinoleinwände besser ins Geschehen eintauchen können. Auf herkömmlichen Monitoren resultiert dieses Format in Balken ober- und unterhalb des Bildes. Viele (mich eingeschlossen) finden, dass dieses Format einem Film einen professionellen und künstlerischen Eindruck verleiht.

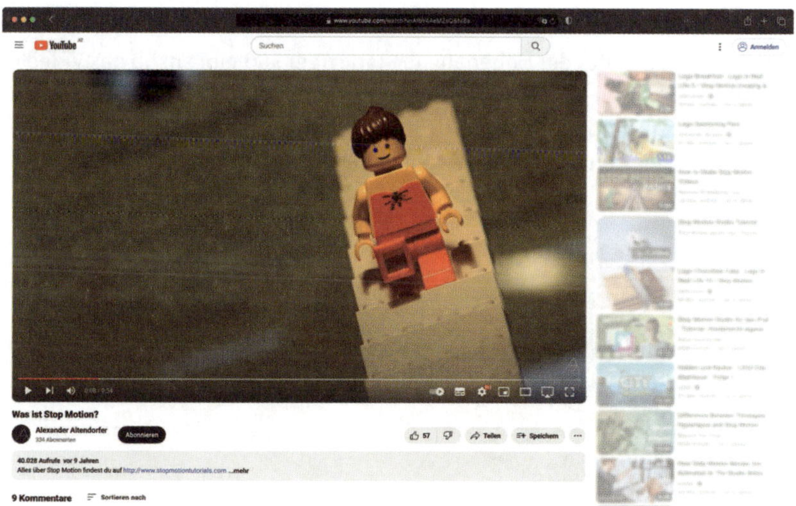

Abbildung 4.10: Im YouTube-Player werden 16:9 Filme ohne schwarze Balken wiedergegeben.

Wie sollen Sie also jetzt Ihren Stop-Motion-Film drehen? Das hängt ganz von Ihren Vorlieben ab. Ich würde Ihnen auf jeden Fall vom 4:3 Format abraten, da es veraltet ist und auf YouTube und fast allen Monitoren nicht bildschirmfüllend dargestellt wird.

Wenn Sie Ihrem Film einen besonderen Look verleihen wollen, können Sie sich für das 21:9 Format entscheiden, im Normalfall würde ich aber 16:9 verwenden. Dieses Format stellen Sie auch auf Ihrer Kamera ein, aber dazu später mehr.

4.6 Bildauflösung

Die Bildauflösung ist ein entscheidendes Kriterium für die Qualität des Filmes. Sie gibt die Dimensionen der Einzelbilder in Pixel an. Es gibt dabei einige Standards, die Sie als Filmemacher kennen sollten.

Auflösungen werden entweder mit der Breite und Höhe in Pixel angegeben (z.B.: 1920 x 1080) oder als einzelner Wert, nämlich der Höhe (z.B.: 1080p). Die Breite kann dann, sofern man das Seitenverhältnis kennt, errechnet werden.

Der Buchstabe hinter der Höhenangabe (»p« oder »i«) gibt an, ob das Video in Vollbildern (»p« für »progressive«) oder in Halbbildern (»i« für »interlaced«) aufgenommen wurde. Darauf werde ich hier aber nicht näher eingehen, generell sollten Sie, wenn Sie die Auswahl haben, das qualitativ bessere »p«-Format wählen.

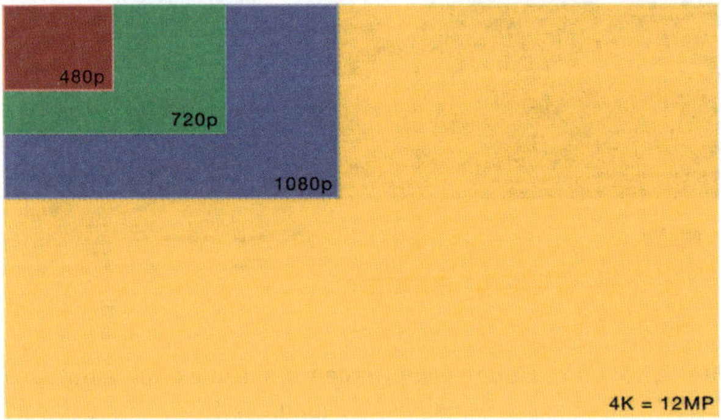

Abbildung 4.11: Die vier wichtigsten Bildauflösungen für Filme

Diese Grafik soll Ihnen einen Überblick über die unterschiedlichen Auflösungen geben. Abgebildet sind vier der wichtigsten Standards, wie sie beispielsweise auch von YouTube unterstützt werden. Wie Sie sehen können, sind die Größenunterschiede zwischen den Standards erheblich!

480p kommt noch aus der Zeit vor der »Digitalen Revolution« und ist für fast alle modernen Monitore ungeeignet. Wird ein Film nachträglich hochskaliert, also größer gemacht, vermindert das die Qualität. Trotzdem sind Videos in dieser Größe noch häufig auf YouTube zu finden. Das sind zwar meist relativ alte Amateurvideos, aber ich entdecke auch immer wieder neu hochgeladene Videos mit dieser veralteten Auflösung.

Ihren Stop-Motion-Film sollten Sie entweder in Full-HD oder in 4K erstellen, das entspricht einer Größe von 1920x1080 Pixel beziehungsweise 3840x2160 Pixel. Welche Auflösung die richtige ist, hängt vom Zweck Ihres Projektes ab. Für TikTok-Videos und Social Media reicht Full-HD (höhere Auflösungen würden beim Upload automatisch kleiner skaliert werden). Wenn Sie den Film aber der ganzen Familie am Fernseher zeigen möchten, dann nehmen Sie lieber in 4K auf. Das braucht zwar mehr Speicherplatz, ist aber zukunftssicherer und sorgt für ein optimales Bild auf neuen 4K-Monitoren.

4.7 Framerate

Die Framerate ist für einen Stop-Motion-Film ein sehr entscheidender Parameter. Sie wird auch Bildwiederholrate genannt und gibt an, wie viele Einzelbilder pro Sekunde wiedergegeben werden.

Wie ich im ersten Kapitel schon erwähnt habe, besteht jeder Film, egal ob Realfilm oder animierter Film, aus lauter einzelnen Bildern, die schnell nacheinander abgespielt werden. Die Geschwindigkeit wird dabei in Bilder pro Sekunde angegeben, in der Fachsprache spricht man von fps (englisch: »frames per second«). Je mehr Bilder pro Sekunde wiedergegeben werden, desto flüssiger werden die Bewegungen wahrgenommen.

Bei einem normalen Kinofilm liegt der Standard bei 24 fps. Im Fernsehen und bei Videokameras werden je nach verwendetem Standard (PAL oder NTSC) 25 oder 30 fps verwendet. Der Trend geht jedoch in Richtung immer höherer Bildwiederholraten, so wurde die Hobbit-Trilogie von Peter Jackson erstmals mit der doppelten üblichen Rate, also 48 fps, gedreht. Bewegungen sollen dadurch noch flüssiger wirken.

Bei einem normalen Film wird die Framerate vor Drehbeginn bei der Kamera eingestellt und gut ist es – die Kamera schießt dann genau die festgelegte Zahl an Bildern pro Sekunde. Bei einem Stop-Motion-Film ist das etwas anders. Da die Bilder ja erst nachträglich am Computer zusammengefügt werden, steuern Sie die Framerate manuell. Wie funktioniert das? Sie überlegen sich vor Drehbeginn ungefähr, wie viele Bilder pro Sekunde Sie später haben wollen. Je höher die gewählte Framerate (also je mehr fps), desto kleiner müssen die Unterschiede zwischen zwei Aufnahmen sein. Das bedeutet, dass Sie bei einer hohen Framerate die Figuren nach einem Bild nur ganz minimal bewegen dürfen. Je niedriger die Framerate, desto größer müssen die Unterschiede sein, da sich die Figuren sonst im fertigen Film zu langsam bewegen.

Wenn Sie die Bilder dann am Computer mit der gewählten Framerate zusammenfügen (dazu später mehr), sollen die Bewegungen flüssig und natürlich wirken.

Experimentieren Sie damit ein bisschen herum, bevor Sie mit dem eigentlichen Film beginnen, damit Sie ein Gefühl dafür bekommen, wie stark Sie die Figuren zwischen den Bildern bewegen müssen!

Idee

Drehen Sie dieselbe Szene mit unterschiedlich großen Abständen zwischen den Bildern, und erstellen Sie dann den Film mit unterschiedlichen Frameraten. So bekommen Sie ein Gefühl für die richtige Kombination aus diesen zwei Faktoren!

Um Ihnen dabei zu helfen, ein Gefühl für die Framerate zu bekommen, habe ich in diesem Video dasselbe Ausgangsmaterial mit 15, 12, 10 sowie 6 Bildern pro Sekunde zusammengefügt. Auch wenn die Unterschiede auf den ersten Blick minimal erscheinen (vor allem zwischen 15 und 12 fps), sind sie doch bemerkbar. Am Anfang bewegt sich die Figur fast ein bisschen zu schnell, mit den niedrigeren Bildwiederholraten werden aber die Bewegungen abgehackter und wirken weniger flüssig.

http://youtu.be/eBAztmwP7XQ

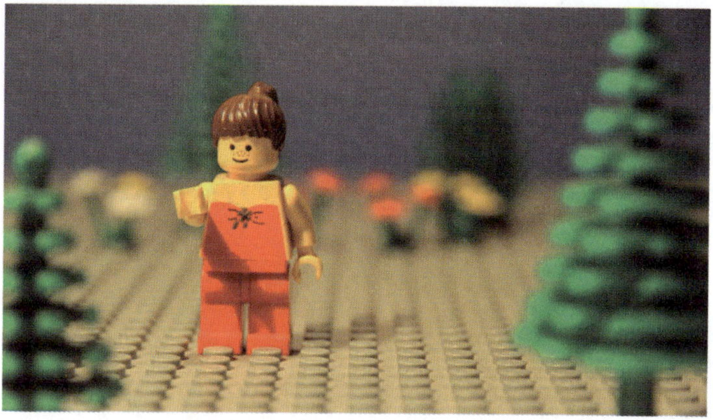

Abbildung 4.12: Screenshot von meinem Testfilm

Bedenken Sie, dass jedes Bild einen erheblichen Arbeitsaufwand bedeutet, deshalb ist es besonders wichtig, die richtige Framerate zu wählen. Ist sie zu niedrig, erhalten Sie einen unschön ruckelnden Film. Ist sie zu hoch, steigt der Produktionsaufwand ins Unermessliche. Bei 30 fps benötigen Sie beispielsweise für eine Minute Film 1800 Fotos!

Während bei professionellen Produktionen wie »Wallace and Gromit« circa 20 fps verwendet werden, empfehle ich für den Anfang 10 bis 15 Bilder pro Sekunde. Für eine Minute Film bedeutet das dann 600 bis 900 Fotos. Die meisten Stop-Motion-Filme auf YouTube verwenden Bildwiederholraten in dieser Größenordnung, da sie gerade ausreicht, dass die Einzelbilder nicht störend wahrgenommen werden.

5 Das Drehbuch

Ein Drehbuch für einen Film ist wie die Bauanleitung eines LEGO-Modells. Es legt Schritt für Schritt fest, was zu machen ist und sorgt dafür, dass am Ende alles zusammenpasst.

5.1 Drehbuch schreiben

Wenn Sie bei einem LEGO-Haus wild drauflos bauen, ist es sehr unwahrscheinlich, dass das Resultat mit der Abbildung auf der Verpackung übereinstimmt. Dasselbe gilt auch für ein Filmprojekt, egal ob Real- oder Stop-Motion-Film. Nehmen Sie sich deshalb gerade bei etwas größeren Projekten vorher die Zeit, den Film in Gedanken durchzuplanen und kurze Notizen zu machen. Sie müssen kein hundertseitiges Manuskript schreiben, es geht nur darum, vor Drehbeginn eine genaue Idee zu haben, was man eigentlich will. Bei kleineren Projekten genügt es vielleicht auch, den Film im Kopf durchzuplanen. Wichtig ist nur, dass Sie den Film vor Drehbeginn planen. So verhindern Sie, eine ganze Szene noch einmal drehen zu müssen, weil Sie irgendetwas vergessen haben.

Wenn Sie systematisch vorgehen wollen, was gerade bei aufwändigeren Projekten empfehlenswert ist, dann nehmen Sie jetzt einen Zettel zur Hand. Schreiben Sie in kurzen Stichworten die Handlung auf, die Sie sich für den Film ausgedacht haben. Das kann zum Beispiel so aussehen:

»Held will das Burgfräulein von den Bösewichten befreien – reitet zur Ritterburg und kämpft sich den Weg frei – besiegt den Drachen, der sie bewacht – reitet mit dem Burgfräulein davon«

Als nächstes gilt es, diese erste Idee in einzelne Szenen zu verpacken. Überlegen Sie sich, wie Sie Ihre Geschichte am besten erzählen können. Die spannendste Idee ist nutzlos, wenn sie dann nicht gut umgesetzt und erzählt wird. Schließlich soll der Zuschauer die Handlung ja auch verstehen und interessant finden! Überlegen Sie sich deshalb genau, welche Szenen dafür notwendig sind und machen Sie sich kurze Notizen, was in den einzelnen Szenen passiert, welche Figuren und Objekte Sie dafür benötigen, und welcher Hintergrund dazu passt. Passen Sie schon in dieser Phase auf, dass Ihre Pläne auch realisierbar sind! Sie müssen ja logischerweise die passenden Figuren und Bausteine auch zur Verfügung haben, sonst nützt Ihnen das beste Drehbuch nichts.

Für die ersten Szenen könnte das Drehbuch in etwa so aussehen:

- Szene 1: Totale Kameraeinstellung der Ritterburg, Wachen patrouillieren auf der Burgmauer, düstere und dunkle Stimmung.
- Szene 2: Kamerafahrt den Gang entlang zum Verlies, flackerndes Fackellicht, Zoom auf das gefesselte Burgfräulein.
- Szene 3: Dichter Wald, Held reitet von links nach rechts durch das Bild, Kameraschwenk nach rechts, Turmspitze der Ritterburg ist im Hintergrund zu erkennen.

Wie Sie sehen können habe ich hier nicht nur Notizen zur Handlung in den einzelnen Szenen gemacht, sondern auch Kamerabewegungen und -einstellungen sowie die generelle Stimmung festgelegt. So weiß ich beim Setbau genau, wie ich die Kamera positionieren werde und welche Beleuchtung ich brauche.

Idee

Vervollständigen Sie dieses angefangene Drehbuch. Probieren Sie, möglichst detaillierte Notizen zu machen, sodass Sie beim Lesen den Film vor Ihrem inneren Auge abspielen können!

Bei diesen Schritten unterscheidet sich das Drehbuch eines Stop-Motion-Filmes eigentlich nicht von dem eines Realfilmes. Was Sie bei einem Stop-

Motion-Film allerdings noch beachten müssen, ist das Zusammenspiel von Framerate und aufgenommenen Bildern. Überlegen Sie sich daher bei jeder Szene, wie lang sie insgesamt dauern soll und wie lang einzelne Bewegungen dauern sollen, damit sie natürlich wirken. Wenn Sie diese Dauer (in Sekunden) dann mit der gewünschten Framerate multiplizieren, erhalten Sie die Anzahl der Bilder, die Sie für diese Szene schießen müssen.

Rechenbeispiel: Der Ritter soll für zwei Sekunden zu sehen sein, während er durch den Wald reitet. Sie wollen den Film später mit 15 Bildern pro Sekunde abspielen, daher müssen Sie die Bewegung des Ritters in 30 Bildern zeigen.

Notieren Sie diese ungefähre Bildanzahl bei jeder Szene, damit Sie sich später daran orientieren können.

5.2 Dialoge planen

Das wichtigste Beispiel, warum genaue Planung wichtig ist, ist ein Dialog. LEGO-Figuren können ja leider nicht wirklich sprechen, Sie müssen den Ton nachträglich hinzufügen. Das macht den Dreh solcher Szenen sehr schwierig. Wie lang muss ich Figur A zeigen? Wann beginnt Figur B zu sprechen? Wie viele Bilder muss ich machen, damit sie genug Zeit zu reden haben? Wie muss sich die Figur bewegen, damit man die Emotionen besser sieht?

Wenn Sie sich diese Fragen nicht vor Drehbeginn stellen, endet diese Szene unweigerlich im Chaos. Viele Stop-Motion-Regisseure verzichten deshalb auf Dialoge und konzentrieren sich mehr auf Actionszenen.

Was sollen Sie tun, wenn Sie trotzdem einen Dialog einbauen wollen? Schreiben Sie zuallererst den Dialog Wort für Wort auf. Nehmen Sie eine Stoppuhr und sprechen Sie den Dialog laut vor. Dann können Sie zu jeder Textpassage die benötigte Zeit notieren. Je nachdem, mit wie vielen Bildern pro Sekunde Sie drehen wollen (siehe Abschnitt 4.7), ergibt sich dann daraus die Anzahl der benötigten Bilder pro Abschnitt. Sie müssen nur die benötigte Zeit in Sekunden mit der Anzahl der Bilder pro Sekunde multiplizieren.

Ein kleines Rechenbeispiel: Eine LEGO-Figur soll »Hallo, wie geht es dir?« sagen. Sie haben diesen Text vorgesprochen und brauchen dafür genau zwei Sekunden, wobei die Figur während dem »Hallo« (die ersten 0,6 Sekunden) mit der rechten Hand winken soll. Sie haben sich außerdem für eine Framerate von 15 fps entschieden.

Nun multiplizieren Sie 0,6 mit 15, was 9 ergibt. Sie wissen also, dass die Figur für die ersten neun Bilder winken muss. Danach bleiben noch 1,4 Sekunden mal 15 fps. Die LEGO-Figur spricht nach dem Winken also noch für die Dauer von 21 Bildern.

Wenn Sie diese Methode anwenden, wissen Sie auch genau, wann die Figur wie reagieren muss und wann welche Figur im Bild zu sehen sein muss. Planen Sie auch Pausen ein und machen Sie lieber zu viele Bilder als zu wenig, denn nachträglich etwas weglassen ist immer einfacher als eine Szene zu rekonstruieren, weil man etwas vergessen hat.

Idee

Suchen Sie eine Dialogszene aus einem Ihrer Lieblingsfilme und schreiben Sie für diese Szene einen genauen Plan, wie viele Bilder Sie bei der Stop-Motion-Version davon brauchen würden.

Eine andere Möglichkeit, eine Geschichte zu erzählen, ist die Stimme eines unsichtbaren Erzählers, ein sogenanntes Voiceover. Diese Technik wird bei vielen Filmen und Fernsehserien wie zum Beispiel »How I Met Your Mother« eingesetzt, um die Handlung etwas näher zu beschreiben. In diesem Fall hört man immer wieder Teds Stimme, wie er seinen Kindern Geschichten aus seiner Vergangenheit erzählt, während man als Zuseher nicht ihn, sondern die beschriebenen Szenen sieht. Das kann ganz praktisch sein, um die Zuseher örtlich und zeitlich in der Handlung zu orientieren.

Auch diesen Text sollten Sie vorher schreiben und sicherstellen, dass der Text nicht zu lang für Ihr Bildmaterial wird.

Wenn Sie nicht wissen, wie Sie Ton zu Ihrem Film hinzufügen sollen, machen Sie sich keine Sorgen: im Kapitel 10 wird das ausführlich erklärt.

Idee

Benutzen Sie bei Ihrem nächsten Projekt ein Voiceover, um am Anfang des Films Ort, Zeit und Charaktere zu beschreiben. Je nach Filmstil können Sie ja auch ganz dramatisch mit »Wir schreiben das Jahr…« anfangen! Oder Sie lassen die Hauptfigur gedankenverloren durch die Wohnung streifen, während man seine Erinnerungen und Gedanken als Voiceover hört.

5.3 Storyboard erstellen

Ein Storyboard ist eigentlich nichts anderes als die gezeichnete Version des Drehbuches. Bei professionellen Produktionen wie Kinofilmen oder Werbespots wird nach der Fertigstellung des Drehbuches ein Storyboard Artist beauftragt, gemeinsam mit dem Regisseur und dem Kameramann die einzelnen Szenen und Kameraeinstellungen zu skizzieren. Das soll in der späteren Produktion helfen, die genauen Vorstellungen des Regisseurs zu verwirklichen.

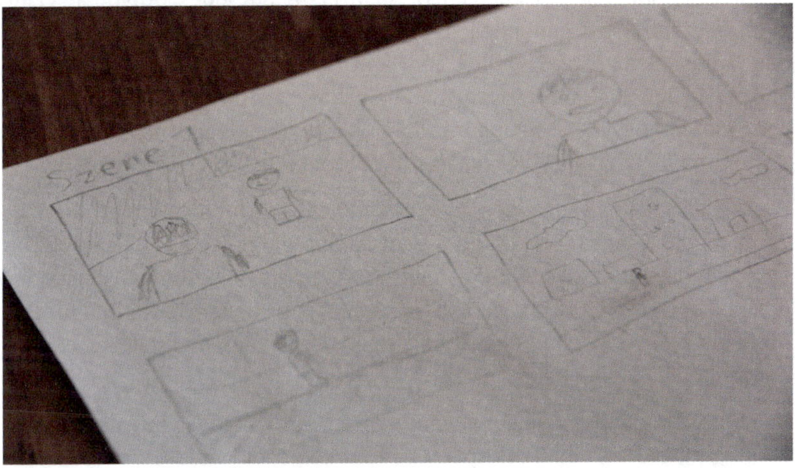

Abbildung 5.1: Das Storyboard besteht aus vielen kleinen Skizzen

Vielleicht werden Sie sich für einen kurzen Stop-Motion-Film nicht die Mühe machen wollen, jede Einstellung vorher zu skizzieren. Es gibt aber eine einfachere Methode, die meiner Meinung nach gerade bei Stop-Motion-Filmen sehr sinnvoll ist.

Nehmen Sie sich, bevor Sie mit dem Dreh beginnen, die Zeit und fotografieren Sie einzelne Szenen in dem fertigen Set. Sie bekommen so ein Gefühl für die Kamera und lernen ihre Grenzen kennen: Wie nahe können Sie an das Geschehen heran, ohne dass alles unscharf wird? Passt die Lichtsituation oder brauchen Sie noch mehr Scheinwerfer? Muss beim Set eventuell noch etwas geändert werden, weil es durch die Kameralinse ganz anders wirkt als gedacht? Welche Kameraeinstellungen sind ideal, um meine Geschichte zu erzählen?

Wenn Sie diese Fragen alle beantwortet und eventuelle Fehler ausgebessert haben, können Sie sich als Hilfe eine Art Fotostrecke machen, in der Sie mit ein paar Fotos die wichtigsten Szenen und Kameraeinstellungen festhalten. Dann können Sie entweder mit einem Grafikprogramm wie Adobe Photoshop oder GIMP mit Pfeilen und Text die Szenen genauer beschreiben, oder aber die Fotos ausdrucken und mit Stiften arbeiten. So können Sie sicher sein, dass Sie beim Dreh nichts vergessen und Sie auch genau die geplanten Bilder und Einstellungen »im Kasten haben«.

Wenn Sie ein längeres Projekt planen, ist die Erstellung eines Storyboards eine gute Hilfe, um Ihren Film möglichst professionell zu realisieren. Nehmen Sie dazu zuerst einmal das Drehbuch zur Hand. Sehen Sie sich die erste Szene an und versuchen Sie, sich diese vorzustellen. Wo sollen die Figuren stehen? Welche Emotionen wollen Sie ausdrücken? Welche Kameraeinstellung passt am besten zu dieser Szene? Wie soll das Set dazu aussehen?

Wenn Sie sich all diese Fragen gestellt und beantwortet haben, beginnen Sie zu zeichnen. Nehmen Sie dazu ein Blatt Papier und teilen es in kleine Rechtecke ein, die genau das Seitenverhältnis haben, das Sie für den Film planen (also beispielsweise 16x9). Nun zeichnen Sie in diese Rechtecke Bild für Bild den Ablauf der Szene mit den Bewegungen der Figuren und den verschiedenen Kameraeinstellungen.

Das Storyboard muss kein Kunstwerk werden, es dient Ihnen nur als Hilfe und Erinnerungsstütze, damit Sie später beim Dreh genau wissen, was zu tun ist. Sie können zu den einzelnen Bildern auch noch Notizen hinzufügen und beispielsweise Kamerabewegungen, Beleuchtung und Stimmung der Szene genauer beschreiben oder sonstige Anmerkungen hinzufügen, die beim Dreh von Bedeutung sein können.

6 Das Set

Das Set ist einer der wichtigsten Bestandteile eines Films und trägt entscheidend zu seinem Erscheinungsbild bei. Was Sie dabei alles beachten müssen, erfahren Sie in diesem Kapitel.

6.1 Wo baue ich mein Set?

Die Standortwahl für das Set ist das erste Problem, mit dem Sie konfrontiert werden, und hier können auch schon die ersten Fehler passieren.

Die erste Grundvoraussetzung ist, dass Sie den Raum verdunkeln können. Sie benötigen also entweder Jalousien, dickere Vorhänge oder Ähnliches, um die Fenster zu verdecken. Warum ist das so wichtig? So ein Filmdreh kann mitunter mehrere Stunden bis Tage dauern und das Sonnenlicht verändert sich im Laufe des Tages, manchmal sogar innerhalb weniger Minuten. Wenn dieses sich verändernde Licht durch ein Fenster auf Ihr Stop-Motion-Set fällt, ändert sich hier zwischen den einzelnen Bildern die Lichtsituation, und das führt zu einem störenden Flackern im fertigen Film. Um das zu vermeiden, sollten Sie ausschließlich künstliche Beleuchtung verwenden, da sich diese nicht verändert, genau steuerbar und zu jeder Tages- oder Nachtzeit verfügbar ist.

Der zweite entscheidende Faktor ist, dass Sie ungestört sein sollten, und das über mehrere Tage hinweg. Der Dreh eines Stop-Motion- Films ist sehr zeitaufwändig und Sie sollten damit rechnen, dass Sie bei größeren Projekten nicht alles innerhalb eines Tages schaffen. Wenn Sie mit dem Set also beispielsweise den Wohnzimmertisch für mehrere Tage blockieren, werden Sie Ihren Mitbewohnern und sich selbst wenig Freude bereiten. Andererseits wollen Sie aber auch nicht immer das Set ab- und wieder aufbauen. Das ist erstens mühsam und zweitens könnten Sie dadurch etwas verändern, was im Film störend auffallen würde. Idealerweise bauen Sie das Set also in einem Raum auf, den Sie für mehrere Tage für sich alleine beanspruchen können.

Berücksichtigen Sie bei der Standortwahl außerdem, dass Sie genügend Platz zur Verfügung haben. Platzieren Sie einen kleinen Tisch so im Raum, dass Sie zumindest von drei Seiten darauf Zugriff haben und sich frei bewegen können. Während des Drehs müssen Sie ja Kamera und Stativ rund um das Set herum platzieren können, und Idealerweise haben Sie auch alle benötigten Teile und Figuren in Griffweite, damit Sie möglichst ohne Unterbrechung Fotos schießen können.

6.2 Aufbau

Für das Set gibt es verschiedene Möglichkeiten. Sie wollen die LEGO-Figuren die mysteriöse Welt eines Riesen erkunden lassen? Dann müssen Sie nur noch den geeigneten Platz in Ihrer Wohnung finden und fertig ist Ihr Set. Das ist erstens sehr bequem, da Sie den Hintergrund nicht aufwändig aus LEGO-Steinen zusammenbauen müssen, und zweitens bieten die normalgroßen Gegenstände einen interessanten Kontrast zu den kleinen LEGO-Figuren.

Dieser Screenshot stammt von einem meiner ersten Stop-Motion-Filme. Das Set ist in diesem Fall mein Zimmer. Wenn Sie sich den Film ansehen, werden Sie bemerken, dass ich damals viele Grundregeln noch nicht befolgt habe. Die wackelige Kameraführung, zu niedrige Framerate und das flackernde Licht stören den Gesamteindruck gewaltig.

http://youtu.be/yiZwPm_Fweo

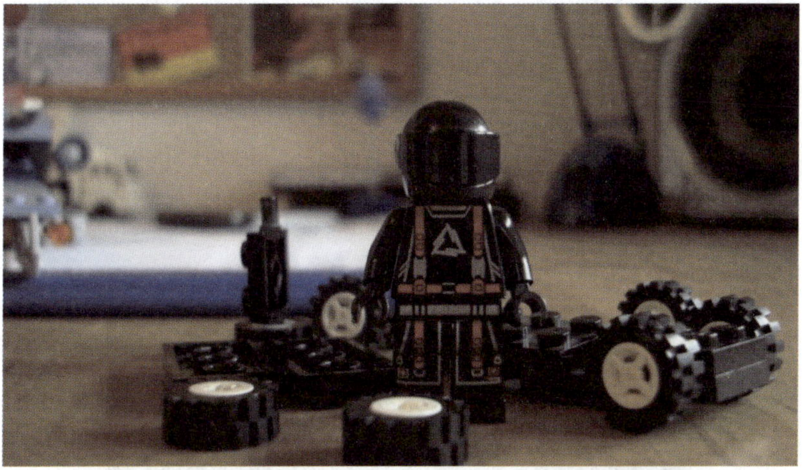

Abbildung 6.1: Auch auf einem normalen Schreibtisch können epische Kämpfe ausgetragen werden

Idee
Drehen Sie Ihre eigene Version dieses Films. Erzählen Sie die unglaubliche Geschichte von den LEGO-Männchen, die nachts zum Leben erwachen und Ihren Schreibtisch verwüsten!

Der »klassische« LEGO Stop-Motion-Film spielt allerdings nicht in der realen Welt, sondern in einer LEGO-Welt, und dafür müssen Sie sich beim Set schon etwas mehr anstrengen. Nachdem Sie im vorigen Kapitel den idealen Standort für das Set bestimmt haben, brauchen Sie jetzt zuerst einmal einen Untergrund. Hier bietet sich ein nicht allzu hoher Tisch an, beispielsweise ein größerer Beistelltisch. Wichtig ist, dass Sie den Tisch so platzieren, dass Sie rundherum genug Platz haben sich frei zu bewegen, und dass Sie zumindest von drei Seiten auf den Tisch zugreifen können.

Auf die hintere Seite des Tisches stellen Sie entweder eine Box, oder Sie platzieren den Tisch an einer glatten Wand. So haben Sie auch schon den Hintergrund für das Set.

Je nach Einsatzzweck können Sie diesen Aufbau nun mit weißem, schwarzem oder farbigem Papier verkleiden. Ich verwende meistens weißes Papier, da es das Licht reflektiert und so für eine gleichmäßige Beleuchtung sorgt (Abbildung 6.2).

Als nächstes brauchen Sie einen Untergrund für das LEGO-Set, also eine ganz normale LEGO-Platte. Je nach Bedarf können Sie auch eine andersfarbige Platte, eine Straßenplatte oder ein fertig aufgebautes Gebäude verwenden. Wichtig ist nur, dass Sie die Platte mit ein paar Klebestreifen befestigen, damit sie nachher nicht verrutschen kann. Das würde im fertigen Film nämlich wieder unangenehm auffallen (Abbildung 6.3).

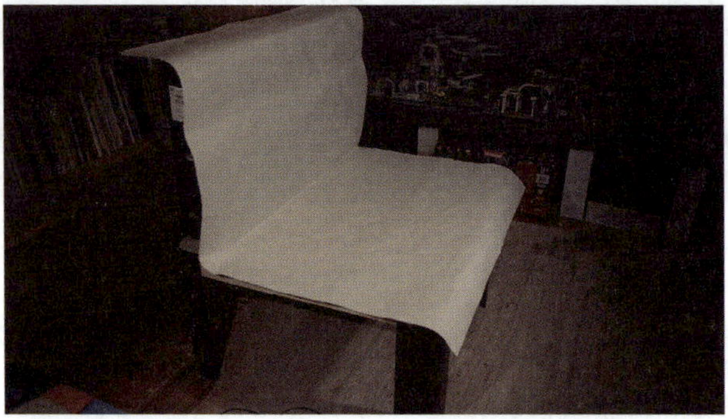

Abbildung 6.2: Mein »Grundgerüst« für jedes Set

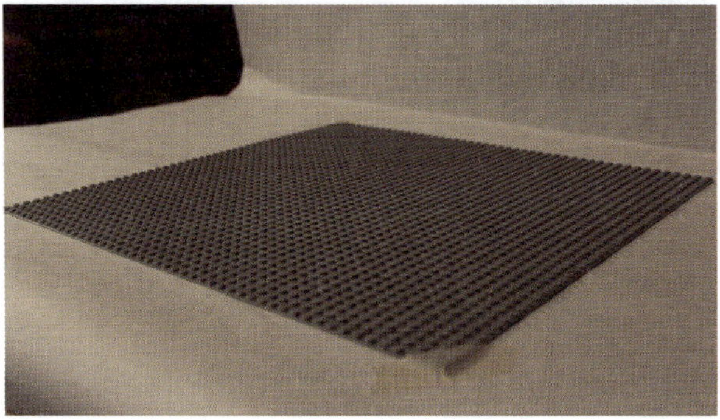

Abbildung 6.3: Die LEGO-Platte wird mit Klebestreifen befestigt

Auf dieser Platte entsteht nun das eigentliche Set, das der Zuseher zu Gesicht bekommt. Achten Sie beim Bauen darauf, dass alle Teile des Sets von außen zugänglich sind, denn irgendwie müssen Sie ja filmen und die Figuren bewegen können. Um das zu ermöglichen, gibt es einen Trick, der auch bei echten Filmen angewandt wird, nämlich bewegliche Wände. Bauen Sie Räume immer so, dass sowohl die Decke als auch die Wände einzeln entfernt werden können. So können Sie aus verschiedensten Winkeln in den Raum hinein filmen. Stellen Sie dazu einfach sicher, dass die LEGO-Steine an den Ecken der Wände nicht miteinander verbunden sind.

Wenn Sie fertige LEGO-Gebäude verwenden, sind diese meistens sowieso so konzipiert, dass man leicht auf die verschiedenen Räume zugreifen kann, da man ja darin auch spielen können muss.

Achten Sie darauf, dass das Set frei von Staub, Haaren oder anderen Verunreinigungen ist. Vor allem bei Gebäuden, die vielleicht schon länger zusammengebaut sind, hat sich vermutlich schon einiges an Dreck angesammelt und Haare sind oft zwischen zwei LEGO-Steinen eingeklemmt. Solche Dinge fallen normalerweise nicht auf, bei Stop-Motion-Filmen jedoch ist man mit der Kamera ganz nahe am Geschehen und dadurch wirken kleine Staubflocken riesig groß.

6.3 Hintergrund

Egal, ob die Figuren gerade in einem Raum aus LEGO-Steinen oder auf der Straße sind, durch Fenster oder hinter den Figuren wird man immer den Hintergrund des Sets sehen. Was können Sie tun, um diesen möglichst ansprechend zu gestalten?

Die wichtigste Maßnahme ist, ein paar »Requisiten« im Vorder- und Hintergrund zu platzieren. Das können Pflanzen, andere Figuren (sogenannte Statisten), Objekte wie Straßenschilder, Mülltonnen, Zäune oder ganze Gebäude sein. Dadurch verleihen Sie dem Bild mehr Tiefe und lassen die Szene viel lebendiger wirken.

Außerdem sollten Sie noch für einen künstlichen Himmel sorgen. Je nach Stimmung und Tageszeit können Sie dafür entweder den weißen Hintergrund des Sets lassen, oder farbiges Papier im Hintergrund platzieren.

Um Ihnen zu zeigen, wie wichtig die Setgestaltung ist, möchte ich Ihnen ein Beispiel zeigen. In diesem Fall möchte ich eine Szene in einem Garten eines Restaurants drehen und habe vor und nach der Gestaltung ein Bild gemacht.

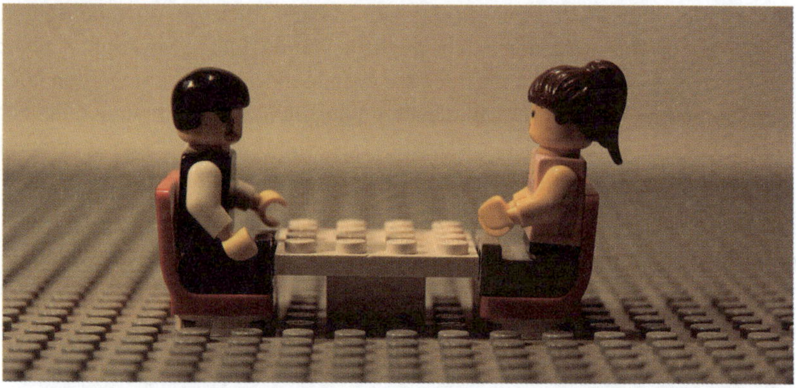

Abbildung 6.4: Die Szene mit den Figuren und den benötigten Requisiten

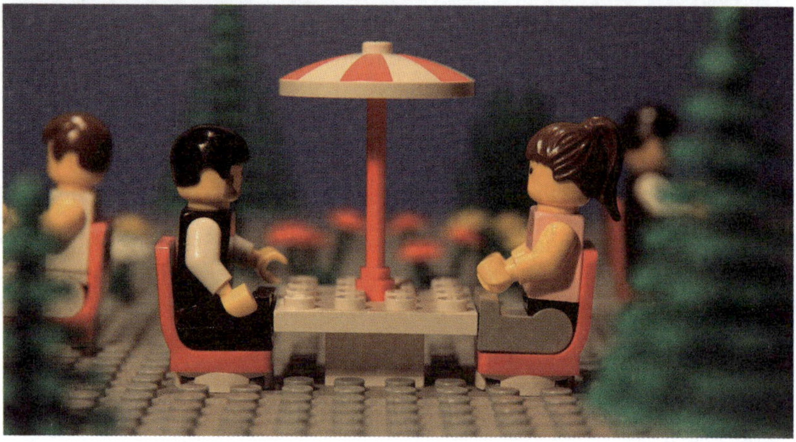

Abbildung 6.5: Dieselbe Szene mit Hintergrundgestaltung

Beim oberen Bild besteht das Set nur aus den benötigten Bestandteilen: den zwei Figuren, zwei Stühlen und einem Tisch. Das Ergebnis ist nicht wirklich zufriedenstellend, oder? Würden Sie erkennen, dass die zwei Protagonisten in einem Garten sitzen? Vermutlich nicht.

Deshalb habe ich mich nach dem ersten Testbild an die Arbeit gemacht und für etwas Stimmung gesorgt. Mit nur wenigen Handgriffen und ein paar gut platzierten Requisiten habe ich dann das zweite Bild erhalten. Was habe ich verändert? Sehen wir uns das Set einmal von oben an.

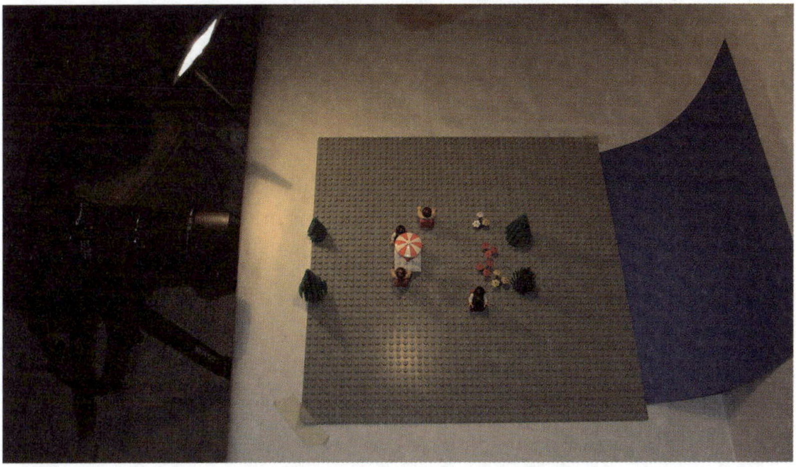

Abbildung 6.6: Das Set von oben

Obwohl die Szene durch die Hauptkamera so lebendig aussieht, besteht das Set in Wirklichkeit nur aus ein paar Objekten. Das liegt daran, dass ich außerhalb des Sichtbereiches der Kamera auf jegliche Dekoration verzichtet habe. Das geht natürlich nur, wenn sich die Kamera während der Szene nicht bewegt. In diesem Fall ist diese Methode aber ideal.

Ganz hinten habe ich als eine Art »künstlichen Himmel« ein blaues Stück Papier platziert. Je nach Stimmung können Sie auch ein helleres blaues, ein schwarzes Papier oder den weißen Hintergrund verwenden.

Wie Sie sehen können, ist das Set sehr in die Länge gezogen, die Objekte sind also in Blickrichtung der Kamera relativ weit voneinander entfernt. Das war eine bewusste Entscheidung, um den Effekt der Tiefenunschärfe zu verstärken (siehe Abschnitt 4.2).

Idee
Spielen Sie mit dem Hintergrund. Lassen Sie die Hauptfigur stillstehen und verändern Sie nur die Umgebung. So können Sie beispielsweise LEGO-Figuren von einem Ort zum anderen teleportieren.

6.4 Beleuchtung

Wie ich schon bei der Wahl des Standortes des Sets erwähnt habe, ist es bei einem Stop-Motion-Film besonders wichtig, kein natürliches Tageslicht zu verwenden. Wenn sich die Wolken schnell bewegen und die Sonne immer wieder verdecken, kann sich die Lichtsituation innerhalb von Minuten komplett verändern. Somit kann auch bei einem ganz kurzen Film, wo Sie vielleicht nur eine oder zwei Stunden drehen, das Bild unangenehm flackern.

Wenn Sie den Raum also verdunkelt haben, brauchen Sie künstliche Beleuchtung. Ideal dafür sind Schreibtischlampen. Sie sind meistens in der Höhe verstellbar und lassen sich drehen und kippen wie man es braucht, dadurch sind sie sehr flexibel einsetzbar.

Ich verwende für die Beleuchtung meines Sets zwei Schreibtischlampen und eine Deckenlampe mit Spots, die man ausrichten kann.

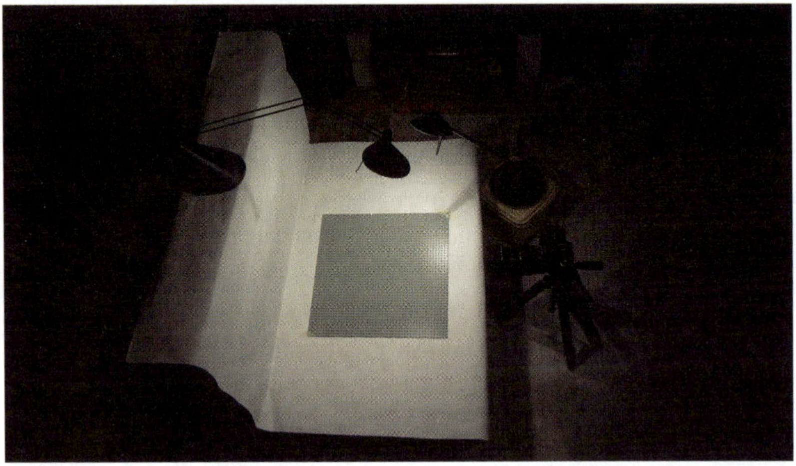

Abbildung 6.7: Zwei Schreibtischlampen sorgen für die Ausleuchtung meines Sets

Eine Schreibtischlampe leuchtet von oben auf das Set und sorgt für die gleichmäßige Ausleuchtung des gesamten Sets. Die zweite Lampe habe ich in etwa auf der Höhe der Kamera positioniert, diese Lampe kann ich je nach Bedarf rund um das Set platzieren.

Die Deckenlampe ist relativ weit vom Geschehen entfernt, dadurch liefert sie im Gegensatz zu der direkten Beleuchtung der Schreibtischlampen eher ein diffuses Streulicht. Das ist erstens praktisch, da man somit beim Dreh nicht in der Finsternis nach benötigten Teilen suchen muss, und zweitens hilft es, unerwünschte Schatten zu reduzieren.

Generell gilt bei einem Stop-Motion-Film dieselbe Grundregel wie in der Fotografie: je mehr Licht verfügbar ist, desto besser ist das für die Qualität der Bilder. Das liegt ganz einfach daran, dass eine Kamera nichts anderes macht, als das Licht, das durch die Linse fällt, mit Hilfe des Bildsensors in digitale Informationen umzuwandeln. Je mehr Licht durch die Linse fällt, desto mehr Informationen erhält der Bildsensor und desto besser kann er die Objekte abbilden.

Die Beleuchtung ist nicht nur notwendig, um gute Bilder zu bekommen, sie bietet auch eine wunderbare Möglichkeit, um die Stimmung der Szene zu steuern. Durch die bewusste Positionierung der Lampen können Sie Schatten erzeugen oder Schatten vermeiden, sowie Tageszeiten simulieren.

Nehmen wir dazu noch einmal die Garten-Szene aus dem vorigen Kapitel.

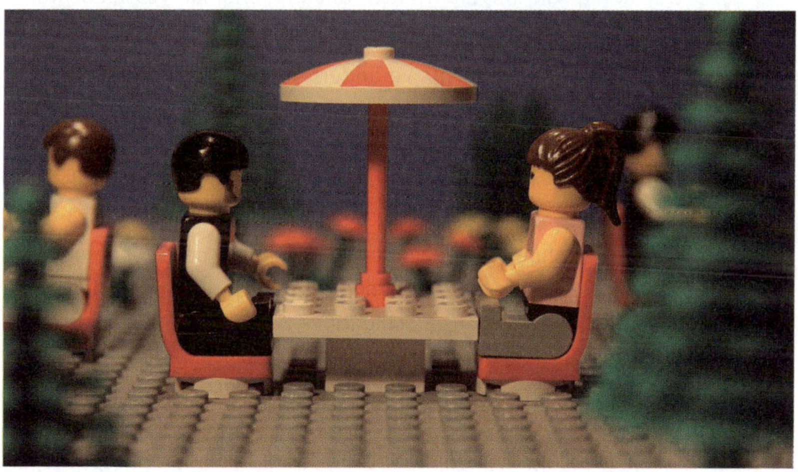

Abbildung 6.8: Die Szene mit normaler Beleuchtung

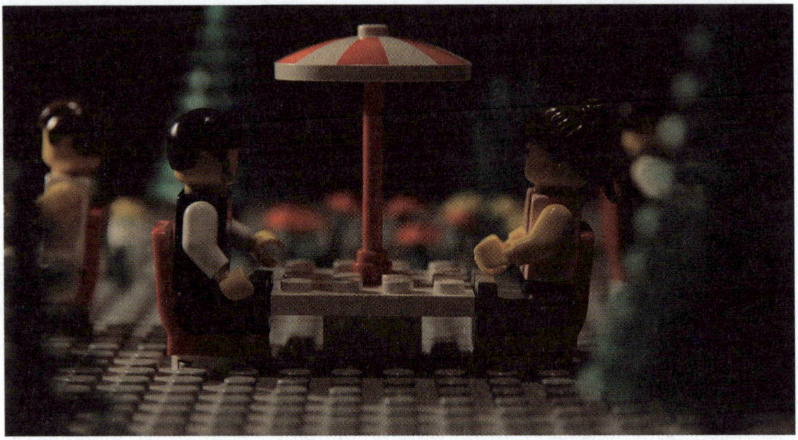

Abbildung 6.9: Dieselbe Szene mit anderer Beleuchtung

Wie Sie sehen können, haben die zwei Bilder eine komplett andere Wirkung. Das erste Bild wirkt freundlich, wie an einem sonnigen Nachmittag. Die hoch stehende Sonne wirft kurze Schatten auf den Boden unter dem Tisch. Beim zweiten Bild sieht man die langen Schatten und die schummrige Beleuchtung, es ist plötzlich Nacht.

An der Szene selbst habe ich nichts verändert, nur die Position der Lampen und die Belichtungszeit der Kamera wurden angepasst. Um die langen Schatten zu bekommen, habe ich die Beleuchtung von oben reduziert und eine Lampe ganz nahe an den Figuren positioniert, die das Set direkt von links hinten beleuchtet.

Gemeinsam mit der manuell kurz gehaltenen Belichtung bei der Kamera können Sie so genau die gewünschte Stimmung erreichen. Mehr Informationen zur manuellen Belichtung bei den verschiedenen Kameratypen finden Sie später in Kapitel 7.

Idee

Lassen Sie einen Tag im Schnelldurchlauf vergehen. Bauen Sie dazu eine schöne Landschaft und verändern Sie zwischen den Bildern die Position und Intensität der Beleuchtung, um eine auf- und untergehende Sonne zu simulieren.

7 Der Dreh

Nachdem Sie in den vorigen Kapiteln ausführlich über die Grundlagen und Grundvoraussetzungen für einen Stop-Motion-Film informiert worden sind, ist es nun an der Zeit, mit der eigentlichen Arbeit zu beginnen: dem Filmdreh!

Zu diesem Zeitpunkt sollte Ihr Set fertig sein, die Figuren bereit und das nötige Equipment, also die Kamera samt Zubehör, in Position gebracht sein. Was Sie sonst noch brauchen? Zeit. Fangen Sie nicht zu arbeiten an, wenn Sie in zehn Minuten schon wieder unterbrechen müssen. Bei größeren Projekten werden Sie logischerweise Pausen einplanen müssen, Sie können ja nicht tagelang am Set bleiben und arbeiten. Aber wenn Sie zu oft unterbrechen, stört das die Konzentration und es schleichen sich Fehler ein. Planen Sie Ihren Stop-Motion-Dreh also am besten so, dass Sie immer zumindest eine bis zwei Stunden durchgehend arbeiten können.

Es mag vielleicht etwas komisch klingen, aber vor Drehbeginn sollten Sie auch auf die richtige Kleidung achten. Ziehen Sie möglichst dunkle und eng anliegende Kleider an. Dunkel deshalb, weil Sie so kein Licht reflektieren und dadurch die Gefahr von flackernden Bildern reduzieren, und eng anliegend, damit Sie nicht unabsichtlich Figuren oder Objekte auf dem Set verschieben.

Je nach der von Ihnen ausgewählten Kamera und Software unterscheidet sich die Vorgehensweise beim Dreh etwas. Wenn Sie mit dem Smartphone arbeiten, dann finden Sie später in diesem Kapitel eine detaillierte Anleitung für die App »Stop Motion Studio Pro«. Beim Dreh mit einer normalen Kamera gibt es zwei verschiedene Methoden. Die erste Möglichkeit ist, die Kamera mit dem Computer zu verbinden und ein spezielles Stop-Motion-Programm zu verwenden. Das hat den Vorteil, dass Sie auf dem Computerbildschirm sofort eine Vorschau der bisher aufgenommenen Bilder sehen und auch diverse Hilfsmittel wie Onion Skinning oder Animationspfade zur Verfügung haben. Allerdings sind solche Programme oft kostenpflichtig und nicht mit allen Kameras kompatibel. Deshalb werde ich in diesem Buch hauptsächlich die zweite Methode anwenden und alle Bilder ganz normal mit der Kamera aufnehmen und anschließend manuell auf den Computer übertragen und zusammenfügen.

Wenn Sie sich näher mit professioneller Stop-Motion-Software beschäftigen wollen, finden Sie später im Buch ein eigenes Kapitel dazu.

7.1 Das Prinzip

In diesem Kapitel geht es um die grundsätzliche Vorgehensweise beim Dreh. Alle Informationen zu den Besonderheiten und den idealen Einstellungen bei den verschiedenen Kameratypen finden Sie in den darauffolgenden drei Kapiteln. Wie ich in der Einleitung schon erwähnt habe, ist ein Stop-Motion-Film nichts anderes als ein digitales Daumenkino. Ihre Aufgabe beim Dreh ist es nun, die einzelnen Bilder, aus denen dieses Daumenkino besteht, aufzunehmen.

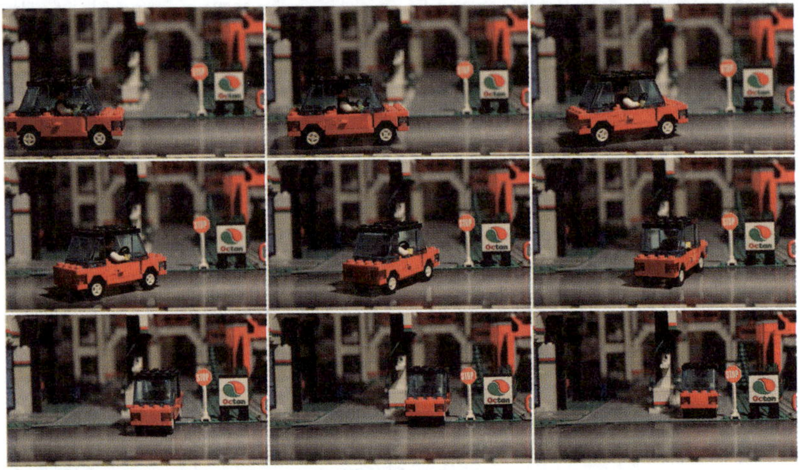

Abbildung 7.1: Diese Einzelbilder ergeben hintereinander abgespielt eine flüssige Bewegung

In dieser Bilderserie sehen Sie die Vorgehensweise bei einem Stop-Motion-Dreh. Nach jedem aufgenommenen Bild wird das Set ein kleines bisschen verändert. Autos bewegen sich vielleicht einen Zentimeter, der Arm und Kopf einer LEGO-Figur ein paar Millimeter, und so weiter. Nach diesen Änderungen wird erneut ein Bild gemacht und die Arbeit beginnt wieder von vorne. So entstehen schrittweise die einzelnen Bilder, auch Frames genannt, die dann zusammengefügt den fertigen Film bilden.

Um zu beginnen, nehmen Sie zuerst Ihr Drehbuch oder Ihre Notizen zur Hand und suchen Sie sich eine besonders einfache und kurze Szene heraus. Warum eine kurze und einfache Szene? Weil es da nicht so schlimm ist, wenn etwas schief geht und weil man gut damit experimentieren kann.

In meinem Beispiel greift diese Frau nach der Kaffeetasse, und das ist auch die einzige Bewegung in dieser Szene.

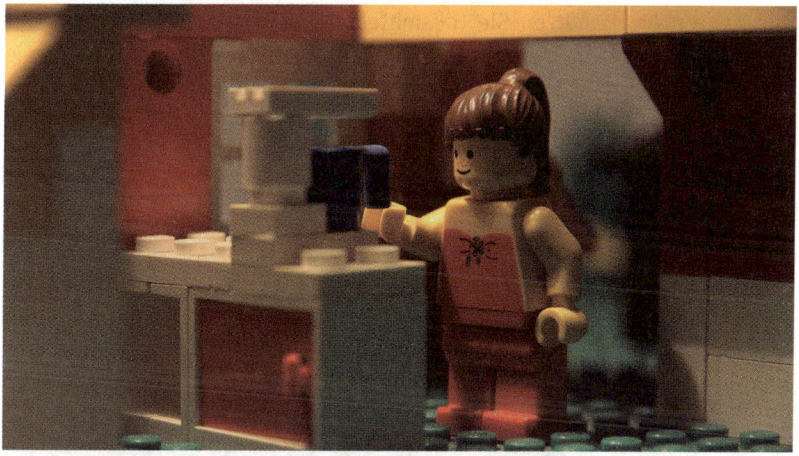

Abbildung 7.2: Diese Frau will endlich ihren LEGO-Kaffee genießen

Ich muss hier also nur den rechten Arm Stück für Stück anheben und dazwischen den Auslöser betätigen. Klingt einfach, oder? Es gibt dabei aber noch einige wichtige Dinge, die Sie beachten müssen.

Wie groß die Bewegungen wirklich sein müssen, können Sie nur durch Ausprobieren herausfinden, dazu ist diese kurze und einfache Szene ja auch da. Fangen Sie beispielsweise für das Heben eines Armes einmal mit vier bis sechs Bildern an und importieren Sie die Bilder auf den Computer. Fügen Sie die Bilder mit der gewünschten Framerate zusammen (wie das geht, erläutere ich in Kapitel 9) und sehen Sie sich das Ergebnis an. Wenn Sie zufrieden sind, können Sie den Rest des Filmes auf diese Art drehen. Sind die Bewegungen zu schnell, müssen Sie beim nächsten Versuch mehr Zwischenbilder einfügen. Bewegt sich die Figur zu langsam, müssen Sie Bilder weglassen.

Das wichtigste Ziel bei Stop Motion Animationen ist, möglichst flüssige Übergänge zwischen den einzelnen Bildern zu erreichen. Das bedeutet in diesem Fall, dass sich auch wirklich nur der Arm der Frau bewegen darf. Seien Sie behutsam, wenn Sie etwas am Set ändern! Bei den kleinen Figuren und Objekten genügt es, wenn sie berührt werden, und sie ändern sofort ihre Position. Wenn Sie sich das Bild oben ansehen, ist hier die Kaffeetasse besonders gefährdet, da sie sehr nahe am zu bewegenden Arm ist. Der Raum ist relativ eng, und um den Arm zu bewegen, ohne die Figur selbst oder die Kaffeetasse zu bewegen, ist nicht gerade einfach. Sie müssen behutsam und mit ruhiger Hand vorgehen. Benutzen Sie Hilfsmittel wie zum Beispiel Pinzetten oder dünne Schraubenzieher, um an besonders enge Orte zu gelangen. Achten Sie auch darauf, dass Sie nicht die Kamera oder Lampen berühren. Beides würde im Film auffallen, da Sie die Kameraposition oder Beleuchtung verändern, und bei den Lampen könnten Sie sich obendrein noch Verbrennungen zuziehen (ich spreche aus Erfahrung).

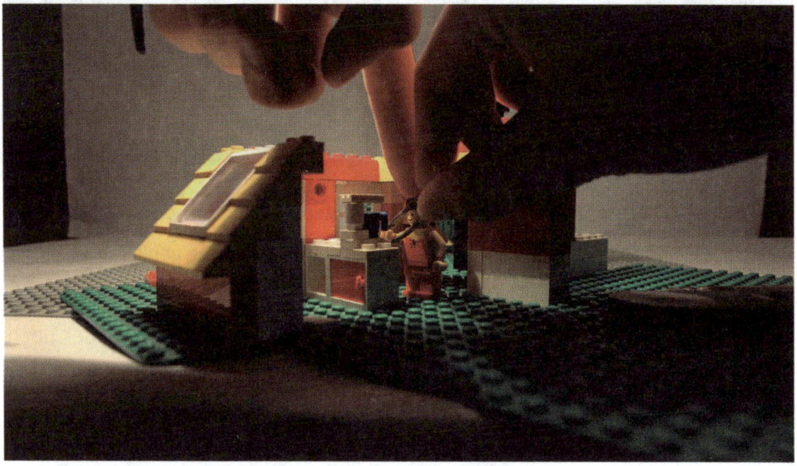

Abbildung 7.3: Seien Sie behutsam, wenn Sie etwas am Set bewegen

Idee

Filmen Sie einige alltägliche Handlungen wie Aufstehen, Frühstücken, zur Arbeit fahren oder den Schulweg.

Zweiter Tipp: Achten Sie auf Ihre Hände. Wenn das Set bereit ist für das nächste Foto, entfernen Sie Ihre Hände weit genug vom Set. Schließlich wollen Sie eine LEGO-Figur auf dem Bild haben, und nicht eine Großaufnahme Ihrer Hände. Aber selbst wenn sie nicht auf dem Foto zu sehen sind, können sie stören, indem sie einen Schatten werfen.

Idee

Verwenden Sie bewusst Schatten, um eine besondere Stimmung zu erzeugen. So können Sie beispielsweise eine LEGO-Figur vor der Lichtquelle laufen lassen, um einen bedrohlichen vorbeihuschenden Schatten zu bekommen.

Ich kontrolliere vor jedem Foto das Set auf dem Bildschirm der Kamera, ob auch wirklich alles passt. Hier achte ich vor allem auf Schatten und liegen gebliebene Gegenstände (Pinzette, Fernbedienung, LEGO-Steine,...), erst dann wird der Auslöser betätigt!

Eine andere große Gefahr beim Stop-Motion-Dreh ist, eine Bewegung zu vergessen. Wenn sich auf dem Set zum Beispiel drei Figuren befinden, kann es leicht passieren, dass Sie bei einem Bild eine Figur zu animieren vergessen. Um das zu verhindern, sollten Sie sich für jede Szene ein Schema zurechtlegen. Fangen Sie nach jedem Foto mit derselben Bewegung an, und verändern Sie die Figuren immer in derselben Reihenfolge. So ist es unwahrscheinlicher, dass Sie eine Bewegung vergessen.

Idee

Lassen Sie die Figur bewusst wie versteinert stehen, und bewegen Sie nur die Dinge um sie herum. Sie können die Figur zum Beispiel auf eine belebte Straße stellen und um sie herum alle Figuren und Fahrzeuge ganz schnell bewegen, während die Kamera langsam auf die Hauptfigur zoomt.

Noch ein wichtiger Tipp: Bleiben Sie geduldig, auch wenn Sie schon seit einer Stunde nichts anderes machen, als LEGO-Figuren auf dem Set herumlaufen lassen. Lassen Sie sich Zeit und werden Sie nicht unachtsam, Sie würden es später bereuen. Ein Stop-Motion-Film ist ein zeitaufwändiges Unterfangen, darüber müssen Sie sich im Klaren sein. Die schrittweise Animation der Figuren mag vielleicht etwas langwierig sein, sie ist aber der wichtigste Teil der Stop-Motion-Produktion! Nichts ist ärgerlicher, als später in der Nachbearbeitung einen Fehler zu entdecken, der aus einer Unachtsamkeit heraus entstanden ist und leicht hätte vermieden werden können. Im schlimmsten Fall müssen Sie dann nämlich die ganze Szene noch einmal von vorne drehen.

7.2 Drehen mit dem Smartphone: Stop Motion Studio Pro

In Abschnitt 2.5 habe ich für das iPhone die App »Stop Motion Studio Pro« empfohlen, und für diese App werde ich hier auch die Vorgehensweise erklären. Falls Sie sich für eine andere App entschieden haben oder ein Android-Handy verwenden, ist die Oberfläche etwas anders, die Funktionen werden aber in etwa gleich sein.

Bevor Sie beginnen, sollten Sie Ihr Smartphone auf einem Stativ oder mit einer anderen Konstruktion fixieren, damit die Aufnahmen später nicht wackelig sind. Schließen Sie das Gerät außerdem an ein Ladekabel an. So ein Stop-Motion-Dreh kann schon einige Stunden dauern und Sie möchten ja nicht, dass Sie währenddessen durch einen leeren Akku unterbrochen werden.

Wenn alles bereit ist, öffnen Sie die »Stop Motion Studio Pro«-App. Beim ersten Öffnen gelangen Sie in das Projektfenster. Dort sehen Sie ein Beispielprojekt, Sie können aber auch gleich mit einem Klick auf das Plus-Symbol Ihren ersten eigenen Film starten.

Nachdem das Projekt angelegt wurde, tippen Sie auf das Kamera-Symbol. Hier sehen Sie nun eine Vorschau Ihres ersten Bildes. Bevor Sie aber den Auslöser drücken, sollten Sie die Einstellungen noch überprüfen. Diese finden Sie in der rechten Menüleiste gekennzeichnet mit dem Schalter-Symbol.

Standardmäßig nimmt die App im Automatik-Modus auf, Sie können das ändern, indem Sie auf das M tippen. Zu Beginn würde ich Ihnen den AL-Modus empfehlen, in dem Sie die Belichtung (also Helligkeit) und den Fokus (also die Schärfe) durch Tippen auf das Bild festlegen können. So können Sie vor Drehbeginn Ihr Bild einrichten und die Einstellungen verändern sich während des Drehs nicht mehr. Im Automatik-Modus kann es dagegen vorkommen, dass sich die Helligkeit zwischen den Bildern ändert. Das sehen Sie dann im fertigen Film als unschönes Flackern!

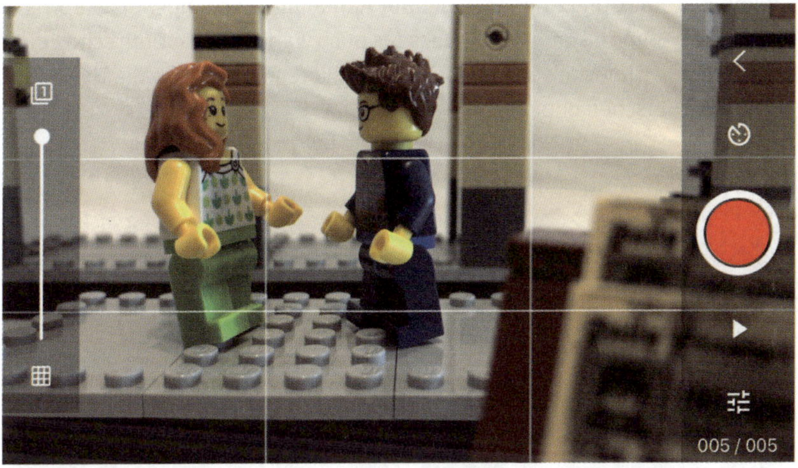

Abbildung 7.4: Der Kameramodus in »Stop Motion Studio Pro«

In Abbildung 7.4 sehen Sie, dass ich ein Raster über das Vorschaubild gelegt habe. Das können Sie mit dem kleinen Knopf auf der linken Seite einblenden und es hilft Ihnen, das Bild schön zu komponieren. Richten Sie wichtige Elemente (etwa Ihre Schauspieler) an den Schnittpunkten der Linien aus.

Die Einstellungen sind alle festgelegt, das Smartphone ist fixiert und das Set ist bereit. Nun können Sie endlich mit dem Dreh beginnen. Tippen Sie auf den roten Aufnahme-Knopf um Ihr erstes Foto zu schießen. Am unteren Bildschirmrand sehen Sie, dass sich die Bildanzahl auf 001 geändert hat.

Nun bewegen Sie die Figuren ein kleines Stück. Damit Sie überprüfen können, wie viel sich in der Szene seit dem letzten Bild verändert hat, gibt es die sogenannte Onion-Skin-Funktion. Onion Skin ist Englisch für Zwiebelschale und es erlaubt Ihnen, das vorher aufgenommene Bild halbdurchsichtig über die Live-

Vorschau zu legen. Bewegen Sie dazu den Schieberegler auf der linken Seite nach unten, etwa in die Mitte. Sie können so Ihre Änderungen immer im Vergleich zum letzten Bild sehen, dabei kontrollieren, ob die Bewegungen passen und ob Sie auch nichts vergessen haben. Wenn Sie mit dem Ergebnis zufrieden sind, tippen Sie wieder den Aufnahme-Knopf.

Ab diesem Zeitpunkt ist alles wie bei einer normalen Kamera: Sie bewegen die Figuren ein Stück und tippen wieder auf Aufnahme – so lange, bis die Szene vorbei ist. Der Vorteil der App ist, dass Sie auch während dem Dreh schon eine Vorschau des Filmes ansehen und so kontrollieren können, ob die Bewegungen Ihren Wünschen entsprechen.

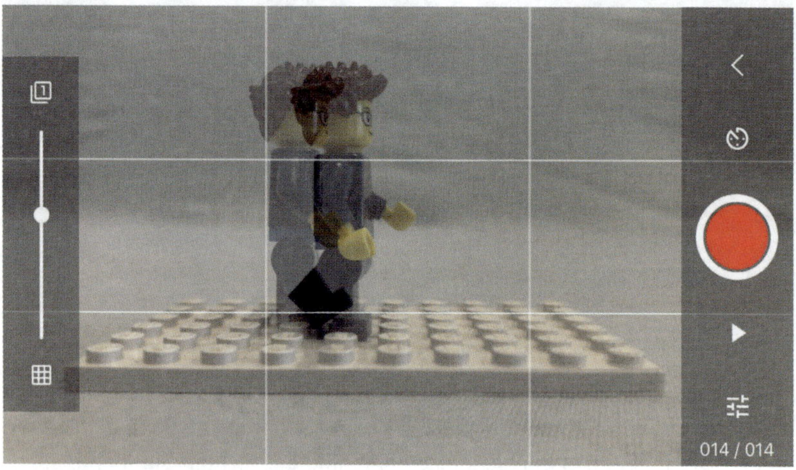

Abbildung 7.5: Die Onion-Skin-Funktion in »Stop Motion Studio Pro«

Wenn Sie mit der Aufnahme fertig sind, können Sie mit dem Pfeil links oben wieder zurück in das Projektfenster wechseln. Hier sehen Sie eine Vorschau Ihres Filmes, sowie einige Werkzeuge, um ihn noch weiter zu bearbeiten. Durch Wischen können Sie in der Zeitleiste navigieren und Bilder auswählen. Wenn Sie auf das aktuell ausgewählte, farbig hinterlegte Bild tippen, öffnen sich weitere Werkzeuge. Hier können Sie das Bild bearbeiten, verschieben oder löschen.

Allgemeine Projekteinstellungen finden Sie unter dem Zahnrad-Symbol. Hier können Sie die Geschwindigkeit einstellen, mit der Ihre Bilder abgespielt werden. Die Geschwindigkeit wird in Bildern pro Sekunde (FPS) angegeben und kann mit einem Schieberegler einfach angepasst werden. Sie können außerdem die Qualität (HD, 4K) oder das Bildformat (Quadrat, 16:9, Kino) ändern und Filter oder Vordergründe hinzufügen. Ihrer Fantasie sind keine Grenzen gesetzt.

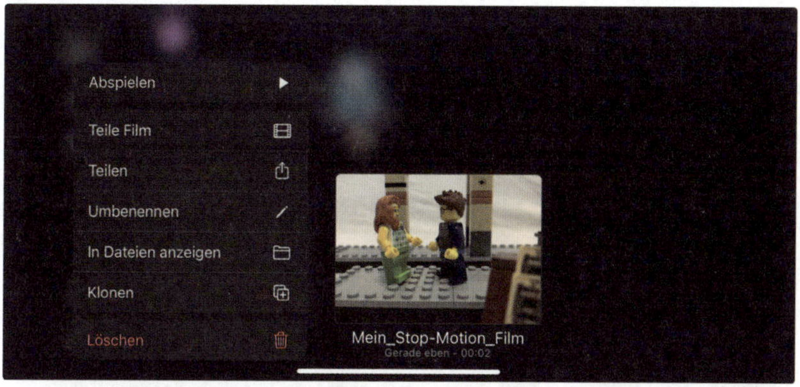

Abbildung 7.6: Den Film aus »Stop Motion Studio Pro« teilen oder exportieren

Die App bietet noch viele weitere Effekte und Möglichkeiten zum Bearbeiten, in den folgenden Kapiteln erfahren Sie hier noch etwas mehr dazu. Sie können den Film aber auch gleich exportieren, etwa um ihn auf den Computer zu übertragen und dort weiter zu bearbeiten oder einzelne Szenen zusammenzufügen. Wechseln Sie dazu mit dem Pfeil-Zurück-Symbol ganz zurück in die Projektübersicht. Hier wählen Sie durch langes Tippen das Projekt aus, das Sie exportieren möchten, und tippen dann in der blauen Werkzeugleiste auf das Teilen-Symbol. Hier haben Sie die Möglichkeit, den zusammengefügten Film zu exportieren, aber auch die einzelnen Bilder oder die Projektdatei abzuspeichern. Die Datei können Sie entweder über iCloud oder Dropbox auf Ihren Computer übertragen, oder auch gleich über einen Messenger oder ein soziales Netzwerk mit Ihren Freunden teilen.

Profi-Tipp: Falls Sie ein zweites Gerät, wie zum Beispiel ein iPad oder ein zweites Smartphone zur Verfügung haben, können Sie ein Gerät als Kamera und das andere als Steuereinheit verwenden. Laden Sie dazu auf einem Gerät – vorzugsweise dem kleineren und dem mit der besseren Kamera – die App »Remote Kamera«. Platzieren Sie das Gerät im Set und öffnen Sie die App. Auf dem zweiten Gerät öffnen Sie die »Stop Motion Studio Pro« App und nehmen alle Einstellungen wie oben beschrieben vor. Öffnen Sie dann im Projektfenster die Kamera-Einstellungen. Hier wird nun als Option der Name des Gerätes mit der »Remote Kamera« App angezeigt. Wählen Sie das Gerät aus und Sie können nun eine Live Vorschau des Bildes sehen. Diese Vorgehensweise hat den Vorteil, dass Sie die App bequem auf einem anderen Gerät bedienen können, während die Kamera im Set eingebaut ist. Außerdem müssen Sie das aufnehmende Gerät nicht berühren, was das Bild weniger wackeln lässt.

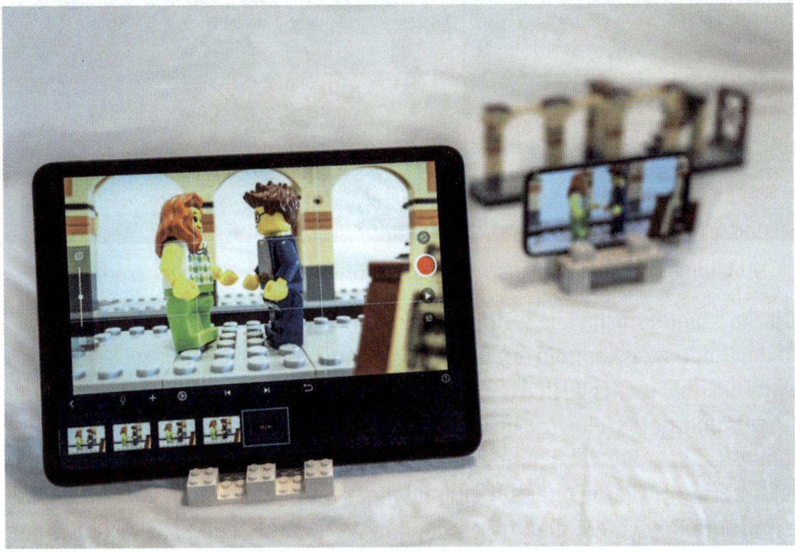

Abbildung 7.7: Praktischer Arbeitsplatz mit der App »Remote Kamera«

7.3 Drehen mit einer Spiegelreflexkamera

Eine Spiegelreflexkamera, auch DSLR (englisch für »digital single-lens reflex«) genannt, ist eine professionelle Fotokamera. Zu den größten Vorteilen gegenüber Smartphones zählen die wechselbaren Objektive, die beinahe unbegrenzten Einstellungsmöglichkeiten, der größere Bildsensor mit deutlich besserer Qualität sowie die Vielzahl an erhältlichem Zubehör. Darum werden bei professionellen Stop-Motion-Produktionen wie zum Beispiel dem Kinofilm »ParaNorman« beinahe ausschließlich Spiegelreflexkameras eingesetzt.

Diese Vielzahl an Möglichkeiten birgt allerdings auch ein paar Probleme. Welches Objektiv soll ich wählen? Welche Einstellungen sind ideal? Wie steuere ich meine Kamera? All diese Fragen werde ich in diesem Kapitel klären.

Bei einer DSLR ist die Wahl des Objektivs eine der wichtigsten Faktoren für gute Bilder. Für einen Stop-Motion-Film sind der Zoomfaktor, also die maximale Brennweite, und der Fokusbereich besonders wichtig.

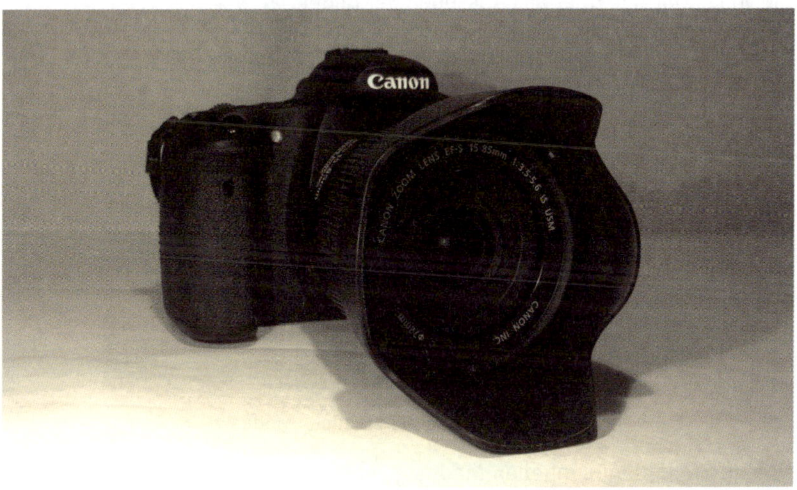

Abbildung 7.8: Eine Spiegelreflexkamera von Canon

Die Brennweite wird in Millimeter angegeben und sie bestimmt, wie nahe Sie die LEGO-Figuren heranzoomen können. Je höher die Zahl ist, desto größer können Sie Details abbilden. Ich verwende zurzeit ein 15-85mm Objektiv von Canon, da es von Weitwinkel bis Zoom (Tele) alles abdeckt.

Der zweite Faktor ist der Fokusbereich, genauer gesagt der Minimalabstand, auf den noch scharf gestellt werden kann. Dieser Wert ist meist auf die Unterseite des Objektivs aufgedruckt. In meinem Fall steht dort »MACRO 0,35m«. Das bedeutet, dass ich mit diesem Objektiv auf alle Dinge scharf stellen kann, die weiter als 35 Zentimeter vom Bildsensor entfernt sind. Der Bildsensor befindet sich im Kameragehäuse, die Länge des Objektivs zählt also schon zu diesen 35 Zentimetern dazu. Je kleiner dieser Minimalabstand ist, desto näher können Sie mit der Kamera an das Set heran und desto größer können Sie die Figuren abbilden.

Wenn Sie nun ein passendes Objektiv ausgewählt haben, können Sie Ihre DSLR auf einem Stativ montieren. Wie auch bei einer Kompaktkamera empfehle ich nun, in den manuellen Modus zu wechseln.

Drehen Sie dazu das Stellrad (je nach Kameratyp und -marke kann das etwas anders aussehen) so, dass der Zeiger auf das »M« zeigt. Dieser Modus erlaubt es Ihnen, Belichtungszeit, Blende und ISO manuell einzustellen. Damit haben Sie volle Kontrolle über das Aussehen der Bilder.

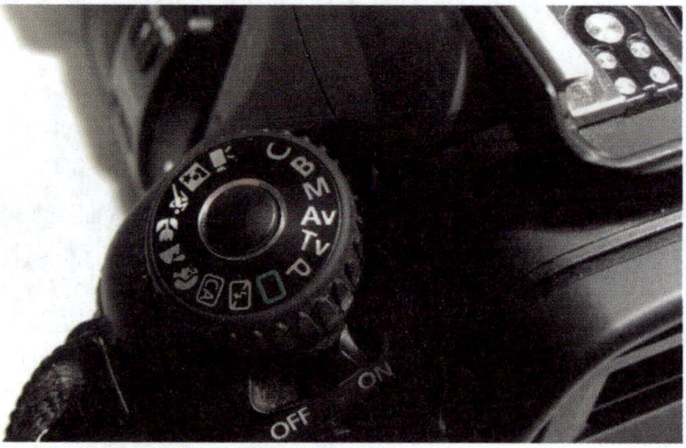

Abbildung 7.9: Der manuelle Modus

Sobald Sie in den manuellen Modus gewechselt haben, erscheinen ein paar neue Zahlen und Optionen auf dem Display. Meine Kamera (eine Canon EOS 60D) verfügt über ein zweites Display auf der Oberseite. Je nachdem, welche Kamera Sie verwenden, können diese Optionen auch woanders erscheinen und die Bedienung etwas von dem hier Beschriebenen abweichen. Lesen Sie dazu in der Bedienungsanleitung nach.

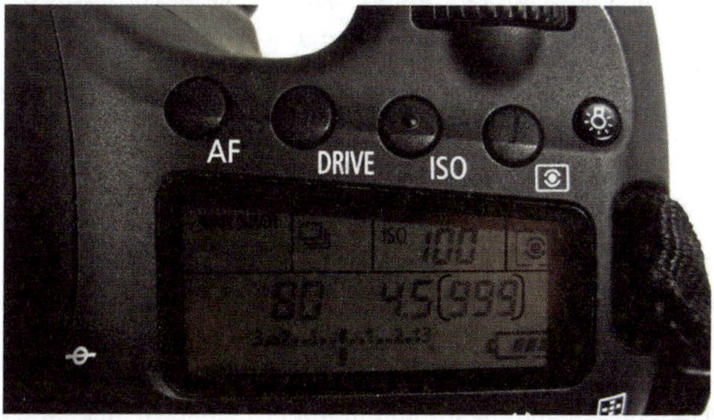

Abbildung 7.10: Das Sekundärdisplay mit den Werten für Belichtungszeit, Blende und ISO

Belichtungszeit, Blende und ISO sind für die Helligkeit, die Qualität und das Aussehen des Bildes verantwortlich.

Links auf dem Display sehen Sie den ersten Wert, nämlich die Belichtungszeit. 80 bedeutet hier, dass die Kamera für 1/80 Sekunde das Licht auf den Sensor fallen lässt, sobald der Auslöser betätigt wird. Ist das Bild zu hell, regulieren Sie den Wert mit Hilfe des Drehrades oben rechts auf 1/100 (also 100 auf dem Display) oder noch kürzer. Ist es zu dunkel, müssen Sie länger belichten.

Rechts davon sehen Sie den Wert 4,5. Das ist die Blendenzahl, die anzeigt, wie weit die Blende geöffnet ist. Je niedriger die Blendenzahl, desto weiter wird die Blende geöffnet und desto mehr Licht kann auf den Sensor fallen. Eine niedrige Blendenzahl, also eine weit geöffnete Blende, ist auch verantwortlich für eine stark ausgeprägte Tiefenunschärfe (siehe Abschnitt 4.2).

Oberhalb der Blendenzahl wird die ISO Empfindlichkeit angezeigt. Im Moment ist sie auf den Minimalwert 100 eingestellt. Die ISO Zahl gibt an, wie empfindlich der Sensor auf Licht reagiert. Je höher also dieser Wert ist, desto heller wird das Bild. Bei Werten über 1000 müssen Sie aber aufgrund der hohen Empfindlichkeit mit Bildrauschen rechnen.

Meine Empfehlung ist, die ISO Empfindlichkeit auf 100 bis maximal 500 einzustellen, die Blendenzahl auf dem niedrigsten möglichen Wert zu belassen und dann die Belichtungszeit so einzustellen, dass die Anzeige des Belichtungsmessers am unteren Rand des Bildschirmes genau in der Mitte der Skala ist.

Wenn Sie es für Ihren Film benötigen, können Sie auch bewusst über- oder unterbelichten, um eine besondere Stimmung zu erzeugen.

Eine weitere wichtige Einstellung ist das Bildformat. Spiegelreflexkameras nehmen normalerweise Bilder in einem Seitenverhältnis von 3:2 auf, für Ihren Stop-Motion-Film wollen Sie aber normalerweise das 16:9 Format. Ändern Sie, bevor Sie mit dem Dreh beginnen, diese Einstellung im Hauptmenü.

Um Bildflackern noch effektiver zu verhindern, sollten Sie außerdem den Weißabgleich manuell einstellen. Normalerweise berechnet die Kamera vor jedem Bild automatisch die richtige Farbtemperatur, das kann bei Veränderungen in der Szene aber dazu führen, dass der Film flackert weil die Kamera die Farben bei jedem Bild anders aufnimmt. Ändern Sie dazu im Kameramenü den Weißabgleich auf eine der Voreinstellungen oder kalibrieren Sie die Kamera mit einem weißen Blatt Papier (manueller Weißabgleich).

Ein großer Vorteil bei Spiegelreflexkameras ist, dass der Fokus manuell reguliert werden kann. Legen Sie dazu den Schalter auf dem Objektiv von AF oder A (Autofokus) auf MF oder M (manueller Fokus) um. So können Sie in jedem Bild genau bestimmen, wo die Schärfeebene liegen soll und somit ungewollte Unschärfen oder Sprünge des Autofokus vermeiden. Beachten Sie allerdings, dass Sie, wenn sich die Figur von der Kamera entfernt oder sich auf sie zubewegt, den Fokus entsprechend anpassen müssen! Wenn Sie das vergessen, wird das Bild unscharf und damit unbrauchbar.

In der Einleitung zu diesem Kapitel habe ich schon erwähnt, dass es für Spiegelreflexkameras eine Vielzahl an Zubehör gibt. Das bietet Ihnen auch für Ihr Stop-Motion-Projekt ganz neue Möglichkeiten!

Da beinahe jede DSLR über einen Infrarot-Empfänger verfügt, können sie mit einer Fernbedienung ausgelöst werden. Erkundigen Sie sich im Internet oder im Fachhandel einfach danach, ob es diese Möglichkeit für Ihr Kameramodell gibt und welche Fernbedienung Sie dafür brauchen.

Der größte Vorteil liegt darin, dass Sie die Kamera dann nicht berühren müssen, um den Auslöser zu betätigen. Denn jede Berührung birgt die Gefahr, die Position der Kamera zu verändern und dadurch das Bild zu verrutschen. Außerdem müssen Sie sich so nicht immer in Griffweite zum Auslöser befinden.

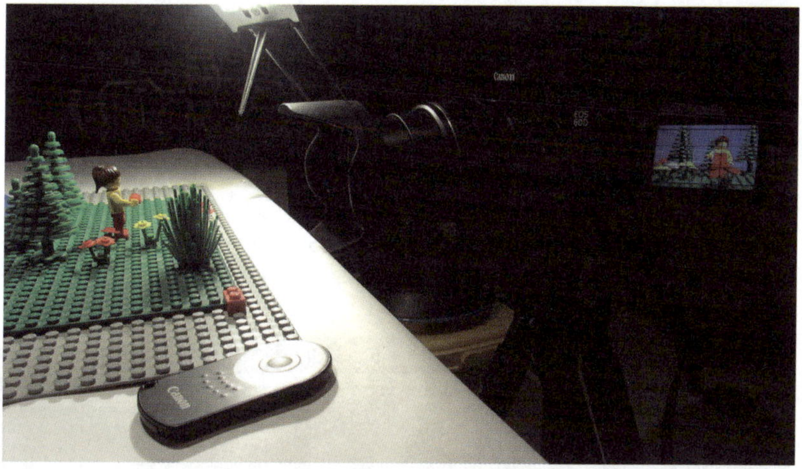

Abbildung 7.11: Eine Fernbedienung erleichtert den Dreh

Der Kamerahersteller Canon bietet für seine Kameras der EOS-Serie eine mächtige Alternative zu so einer Infrarot Fernbedienung, nämlich das Programm »EOS Utility«. Diese Software ist mit den meisten Profimodellen von Canon kompatibel und kann kostenlos für macOS und Windows von der Canon-Webseite heruntergeladen werden.

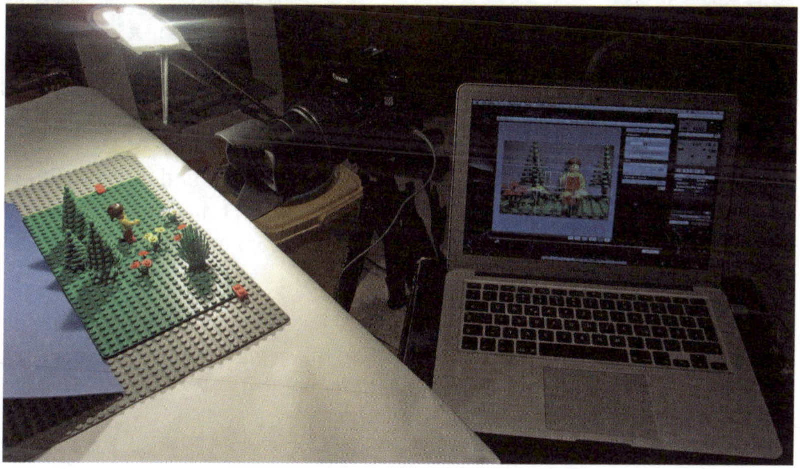

Abbildung 7.12: Meine Canon EOS 60D, verbunden mit meinem MacBook Air

Suchen Sie auf der Webseite von Canon nach der passenden Version für Ihr Betriebssystem und Ihr Kameramodell und installieren Sie die Software. Anschließend schalten Sie die Kamera ein und verbinden sie über ein USB Kabel mit dem Computer. Starten Sie das Programm auf dem Computer und wählen Sie »Fernaufnahme«. Nun sollte ein Fenster mit allen möglichen Einstellungen der Kamera erscheinen. Klicken Sie auf »Livebild-Aufnahme«, um das Bild der Kamera in Echtzeit auf den Computer zu übertragen. Der Computer dient Ihnen nun als Kamerabildschirm und Sie können die Belichtung, den Auslöser und sogar den Fokus vom Computer aus fernsteuern.

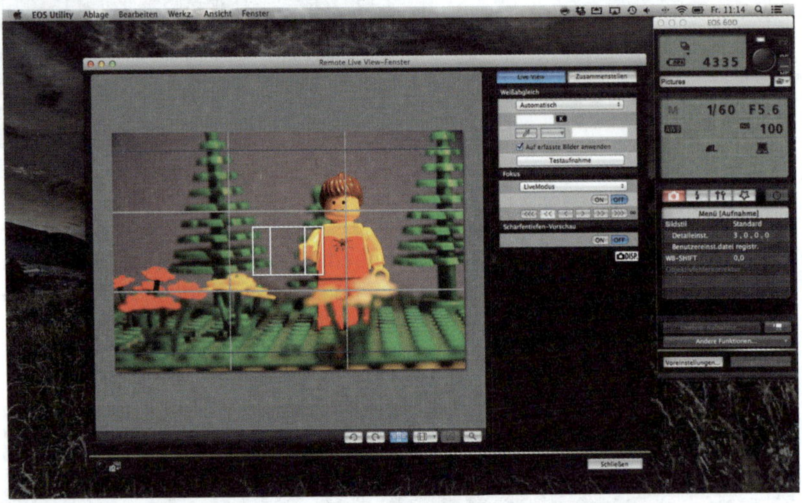

Abbildung 7.13: Screenshot der Software »EOS Utility«

Da dieses Programm nur für Canon Kameras geeignet ist und man damit ein eigenes Buch füllen könnte, möchte ich mich hier nicht mehr genauer damit beschäftigen. Falls Sie dieses Thema interessiert, können Sie sich in diversen Internetforen genauer darüber informieren.

Ähnliche Programme gibt es auch für andere Kameramarken, informieren Sie sich dazu in der Anleitung Ihres Modells. Von Nikon gibt es beispielsweise das Programm »Camera Control Pro 2«, bei Sony heißt das Programm »Imaging Edge«.

7.4 Importieren und Organisieren

Im Laufe der Dreharbeiten Ihres Stop-Motion-Filmes werden Sie hunderte oder sogar tausende Fotos machen. Deswegen ist es besonders wichtig, schon während des Drehs an die Organisation und Sortierung der Dateien zu denken.

Um bei komplexen Projekten den Überblick zu bewahren, empfehle ich, nach jeder fertigen Szene die Fotos von der Kamera auf den Computer zu überspielen. Schließen Sie dazu entweder die Kamera direkt per USB an den Computer an oder stecken Sie die Speicherkarte der Kamera in ein Kartenlesegerät, das Sie am Computer anschließen.

Erstellen Sie am Computer einen Ordner für Ihr Projekt, beispielsweise mit dem Namen des Filmes. In Unterordnern können Sie hier nun die einzelnen Fotos nach Szenen gruppiert speichern.

Fertig importierte Fotos können Sie auf der Speicherkarte der Kamera wieder löschen, um genug Platz für die nächste Szene zu schaffen. Außerdem vermeiden Sie so ein Chaos, da Sie immer nur die Bilder der aktuellen Szene auf der Speicherkarte haben und keine Bilder doppelt oder bei der falschen Szene speichern können.

Nummerieren und benennen Sie die Szenen so, dass Sie sie nachher leicht wiederfinden und weiter damit arbeiten können, das erspart viel Zeit und Ärger.

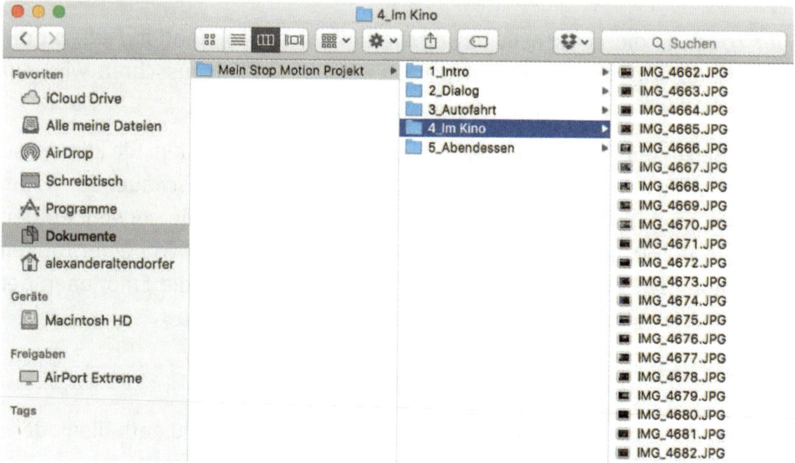

Abbildung 7.14: Ordnerstruktur für ein Stop-Motion-Projekt

7.5 Kamerafahrten und -bewegungen

Bisher habe ich immer erklärt, dass sich nur die Figuren und Objekte im Set bewegen dürfen, auf keinen Fall aber die Kamera. Wenn Sie aber einen normalen Film ansehen, wird Ihnen auffallen, dass sich die Kamera eigentlich fast immer bewegt. Der Bildausschnitt folgt einem Schauspieler, bewegt sich näher auf ihn zu, oder es wird in einem langen Schwenk die Umgebung gezeigt.

Bewegungen erzeugen Spannung und können den Blick und die Gefühle der Zuschauer steuern. So können Sie beispielsweise einem Charakter auf seinem Weg durch das Set folgen, ohne von Anfang an das gesamte Set zeigen zu müssen. Dadurch sieht der Zuschauer nicht immer dasselbe und der Film bleibt spannend.

Wie aber können Sie solche Bewegungen bei Ihrem Stop-Motion-Projekt realisieren? Prinzipiell müssen Sie die Kamera als ein weiteres Objekt sehen, das animiert werden muss. Das bedeutet, dass Sie nach jedem Bild nicht mehr nur die Figuren, sondern auch die Kamera ein kleines Stückchen bewegen. Wie Sie die Kamera bewegen müssen, hängt von dem gewünschten Effekt ab. In diesem Kapitel werde ich die verschiedenen Kamerabewegungen in drei Arten unterteilen: den Zoom, den Schwenk und die Kamerafahrt.

Der Zoom

Der Zoom ist die einfachste Bewegung bei einem Stop-Motion-Film, da die Kamera an sich nämlich gar nicht bewegt wird. Der Bildausschnitt wird nur durch das Verändern des Zoomfaktors bewegt.

Diese Bewegung ist ideal, um ein Set schrittweise zu enthüllen. Sie können so beispielsweise, wenn eine Figur einen Raum betritt, den Zuschauer den Raum gemeinsam mit dem Charakter entdecken lassen. Oder Sie verwenden den Effekt in die umgekehrte Richtung und wechseln fließend von einer totalen Einstellung zur Halbtotalen oder zu einem Close-Up, um die Emotionen der Figur zu verdeutlichen.

Idee
Setzen Sie Zooms bewusst ein, um schrittweise das Set zu enthüllen oder auf wichtige Teile des Sets hinzuweisen.

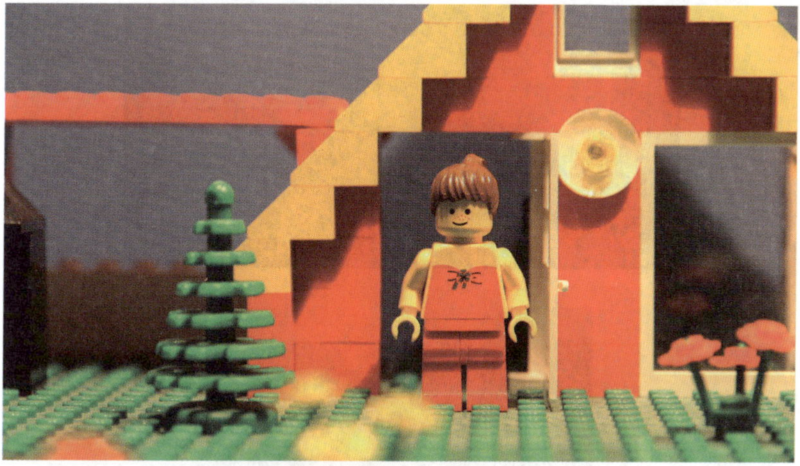

Abbildung 7.15: Das erste...

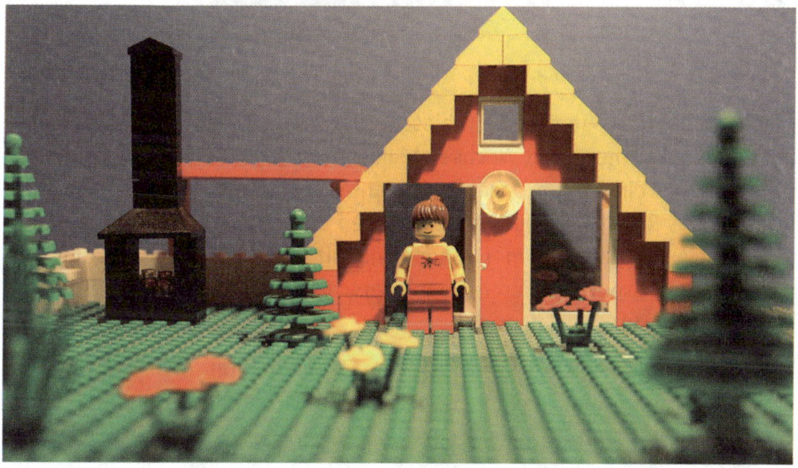

Abbildung 7.16: und das letzte Bild eines Zooms

Und so geht es: Wählen Sie den ursprünglichen Bildausschnitt, von dem Sie ausgehen wollen. Nach dem ersten Bild bewegen Sie ganz normal die Figuren, aber bevor Sie ein neues Bild machen, verändern Sie auch den Zoomfaktor der Kamera ein kleines Stück.

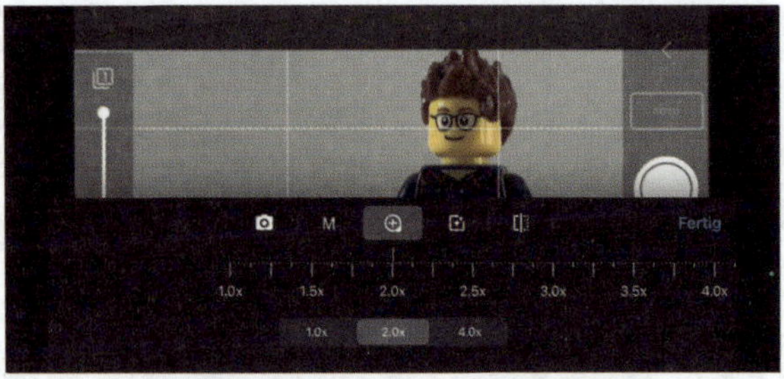

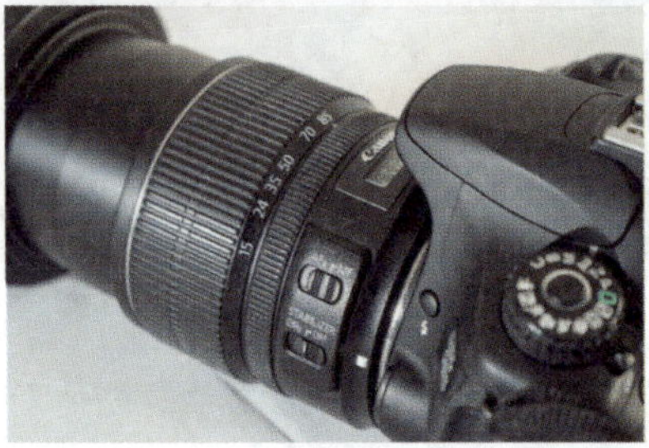

Abbildung 7.17: Je nach Kameratyp wird der Zoomfaktor unterschiedlich verändert.

Je nach Kameratyp geht das ein bisschen anders. Bei Spiegelreflexkameras oder anderen Kameras mit Wechselobjektiven wird der Zoomfaktor direkt am Objektiv über ein Drehrad geändert (rechtes Bild). Das ist besonders praktisch, da das Rad meist mit den Brennweiten beschriftet ist und Sie so genau wissen, wie weit Sie drehen. Genauso wie mit den Bewegungen der Figuren gilt auch hier: Experimentieren Sie mit verschiedenen Abständen, bis Sie mit dem Ergebnis zufrieden sind.

Bei Smartphones gibt es zwar auch eine Zoomfunktion, hier wird mangels eines optischen Zooms aber oft geschummelt und der Bildausschnitt nur digital vergrößert. Wenn Ihr Smartphone mehrere Kameras besitzt, können Sie zwischen diesen wechseln, um verschiedene Brennweiten auszuprobieren. Ansonsten bleibt nur der »geschummelte« digitale Zoom. Da die Bildqualität dadurch schlechter wird, sollte diese Funktion aber eher sparsam eingesetzt werden.

Achten Sie darauf, dass beim Herauszoomen nicht plötzlich das Set zu klein wird. Da der Bildausschnitt ja größer wird, müssen Sie den Hintergrund auch im Vorhinein schon dementsprechend groß gestalten.

Der Schwenk

Beim Schwenk wird der Bildausschnitt durch Drehen der Kamera verändert. Dabei wird weder das Set noch die Kamera an sich bewegt, einzig und allein die Richtung, in die die Kamera gerichtet ist, ändert sich.

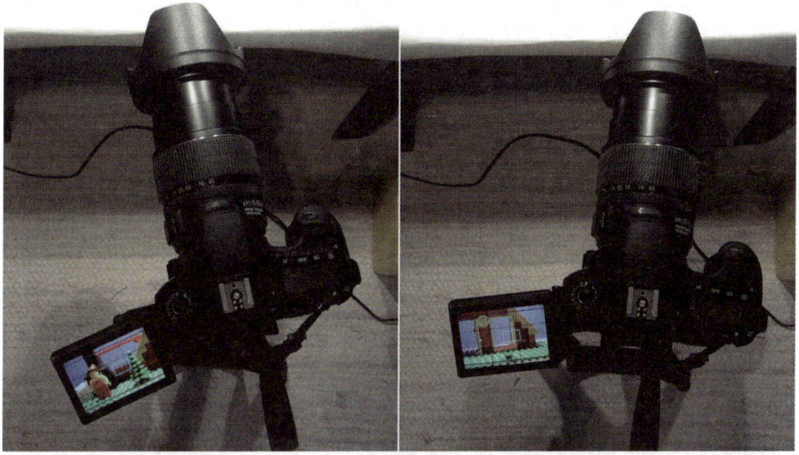

Abbildung 7.18: Die Kamera wird gedreht

Für diese Bewegung ist es besonders wichtig, dass Sie die Kamera auf einem Stativ montiert haben. Das erlaubt es Ihnen nämlich, die Kamera durch Lösen der horizontalen Fixierung schön sanft von rechts nach links oder umgekehrt zu drehen, ohne das Bild nach oben oder unten zu verwackeln.

Um eine gleichmäßige Bewegung zu erhalten, orientieren Sie sich an markanten Punkten auf dem Set. Sie können die Kamera beispielsweise nach jedem Bild so weit schwenken, dass am Bildrand immer eine oder zwei Noppen in einer bestimmten Reihe der LEGO-Platte verschwinden. Beachten Sie bei dieser Bewegung, dass Sie ein relativ langes Set und einen langen Hintergrund benötigen!

Idee

Setzen Sie diese Bewegung ein, um dem Zuschauer große Distanzen zu veranschaulichen, beispielsweise wenn sich zwei Figuren anstarren, die ein Stück voneinander entfernt sind. Hier können Sie mit einer fließenden Bewegung zwischen den zwei Charakteren hin und her wechseln.

Die Kamerafahrt

Die Kamerafahrt ist von der Wirkung her sehr ähnlich zum Schwenk, entsteht aber ganz anders, kann besser kontrolliert werden und sieht meiner Meinung nach auch besser aus.

Im Gegensatz zum Kameraschwenk wird die Kamera hier nicht gedreht, sondern die Position der Kamera zum Set verändert.

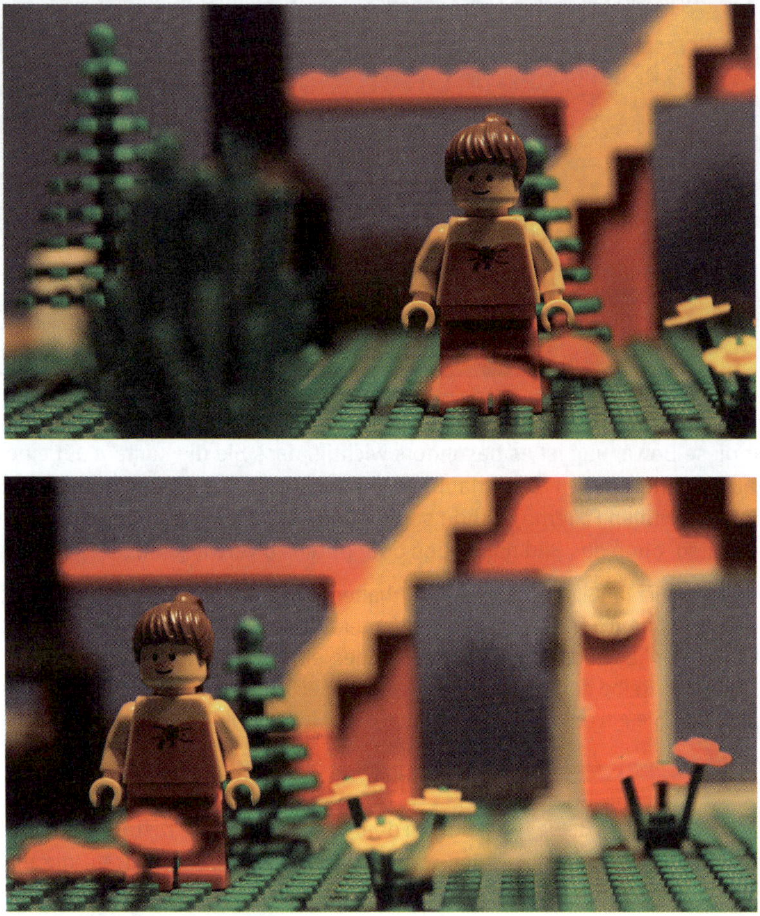

Abbildung 7.19: Die Kamerafahrt

Bei einem normalen Film wird dazu die Kamera auf einem sogenannten Dolly montiert und dann auf Schienen bewegt. Für die Stop-Motion-Technik ist das aber nicht so ideal, da das Bewegen der Kamera nach jedem Foto zu unregelmäßig wäre und zu einem verwackelten Bild führen würde. Deshalb drehen wir hier den Spieß um und bewegen nicht die Kamera, sondern das ganze Set!

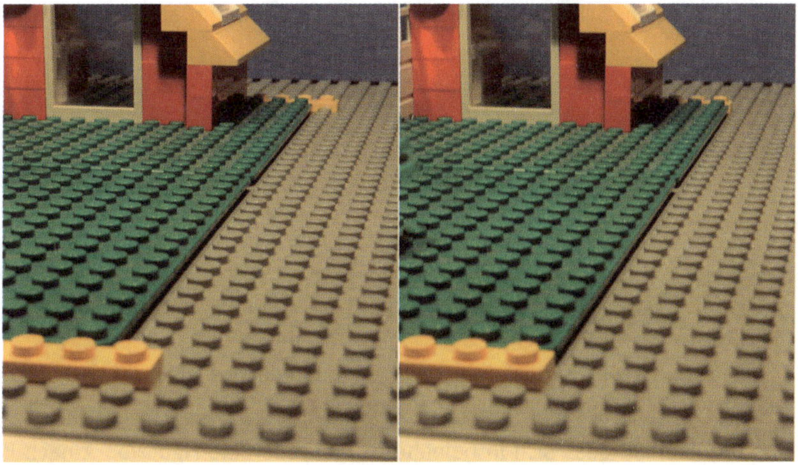

Abbildung 7.20: Das Set wird nach jedem Bild ein Stück bewegt

Dazu bauen Sie das eigentliche Set auf eine eigene LEGO-Platte, die Sie dann mit flachen LEGO-Teilen auf einer zweiten Platte so befestigen, dass sie sich seitlich bewegen lässt. So können Sie das ganze Set nach jedem Bild ruckelfrei ein Stück weiterbewegen.

Diese Bewegung ist ideal, um sich bewegende Figuren und Fahrzeuge auf längeren Wegen zu verfolgen.

Idee

Verfolgen Sie eine LEGO-Figur auf Ihrer Shoppingtour durch die Stadt. Oder filmen Sie einen Geheimagenten, der seinem Ziel durch den Wald verfolgt.

Wenn Sie wissen wollen, wie diese drei Bewegungen in einem Stop-Motion-Film aussehen, dann können Sie sich dieses kurze Video ansehen:

http://youtu.be/TRoUNRmrTV4

Das wichtigste bei allen Kamerabewegungen ist, diese möglichst ruhig und gleichmäßig hinzukriegen! Orientieren Sie sich dazu an den Noppen der LEGO-Platten. Wenn Sie die Kamerabewegung besonders fließend gestalten wollen, können Sie sie auch zuerst langsam beginnen, beispielsweise mit einer halben Noppe, und dann die Änderungen mit jedem Bild steigern. Genau umgekehrt können Sie dann am Ende der Kamerabewegung vorgehen. So beginnt und endet der Zoom, Schwenk oder die Kamerafahrt nicht so abrupt und wirkt natürlicher.

Idee

Setzen Sie diese Kamerabewegungen in Ihrem Stop-Motion-Projekt ein, um den Film interessanter zu gestalten. Wenn der Zuschauer immer denselben Bildausschnitt sieht, wird das mit der Zeit langweilig!

7.6 Die Gehbewegung

Es ist scheinbar eine ganz simple Bewegung, und doch ist sie nicht so einfach zu realisieren, wie sie aussieht: Die Gehbewegung.

Das Problem ist, dass sich in beinahe jeder Szene eine Figur von A nach B bewegen muss, und dabei noch möglichst natürlich aussehen soll. Die Gehbewegung wird also sehr häufig benötigt, und es kann viel dabei falsch gemacht werden. Aber wenn Sie die hier beschriebenen Schritte genau befolgen, wird Ihr Hauptcharakter garantiert nicht stolpern!

Der folgende Gehzyklus besteht aus vier Bildern, das bedeutet, dass ein Schritt vorwärts mit vier Bildern dargestellt wird. Diese Geschwindigkeit eignet sich für eine Wiedergabe mit 12 bis 15 Bildern pro Sekunde. Wenn Sie Ihren Film in einer höheren Framerate drehen wollen, können Sie zwischen den hier gezeigten Bildern noch Zwischenschritte einfügen, die Bewegungen also in noch mehr Bilder unterteilen.

Im ersten Bild steht die Figur still mit beiden Beinen am Boden, die Arme sind in Normalstellung. Die Figur kann davor irgendeine andere Handlung vollzogen haben, ab diesem Bild beginnt der Gehzyklus.

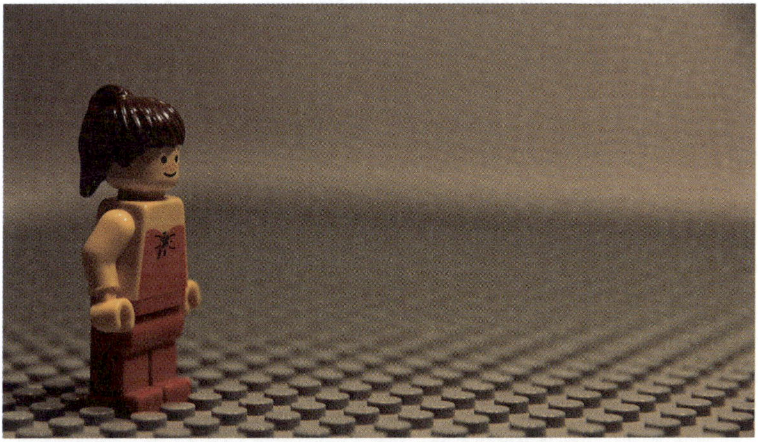

Abbildung 7.21: Erstes Bild im Gehzyklus

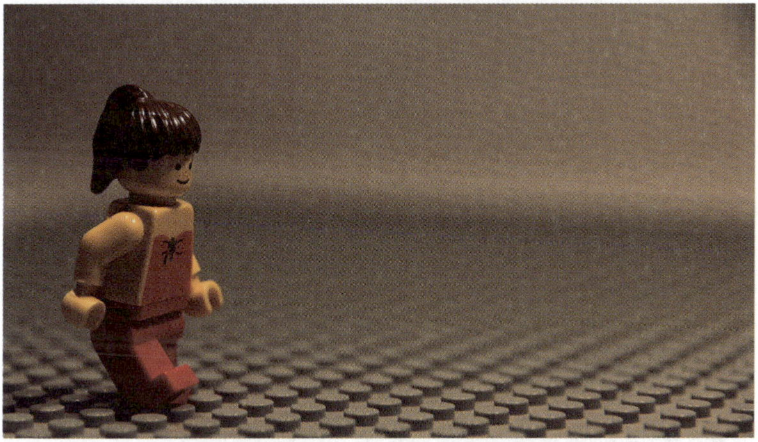

Abbildung 7.22: Zweites Bild im Gehzyklus

Der erste Schritt beginnt. Der rechte Fuß wird schräg nach vorne abgebogen, berührt aber noch den Boden. Der Oberkörper wird leicht nach vorne gebeugt, um die Vorwärtsbewegung zu verstärken. Da hier das rechte Bein nach vorne bewegt wird, bewegt sich gleichzeitig der linke Arm nach vorne und der rechte Arm gegengleich nach hinten.

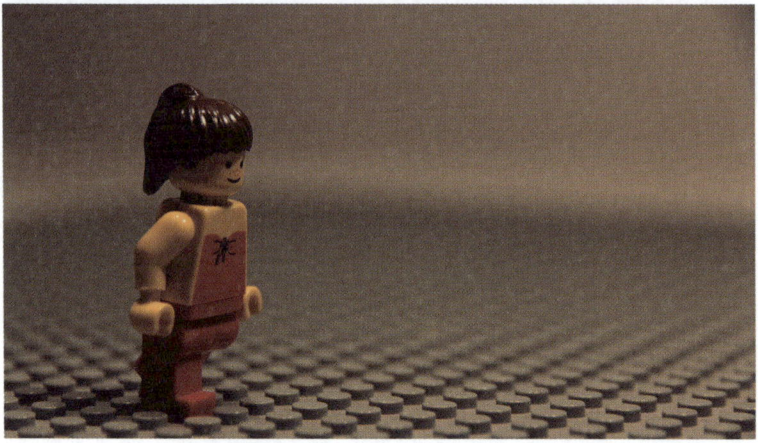

Abbildung 7.23: Drittes Bild im Gehzyklus

Die Figur bewegt sich auf die nächste Noppe. Nehmen Sie dazu die Figur am Oberkörper und bewegen Sie sie so nach vorne, dass der zuvor abgeknickte rechte Fuß gerade auf der nächsten Noppe steht, und der linke Fuß nach hinten abgeknickt ist. Die Arme bewegen sich wieder etwas zurück, aber noch nicht ganz in Neutralstellung.

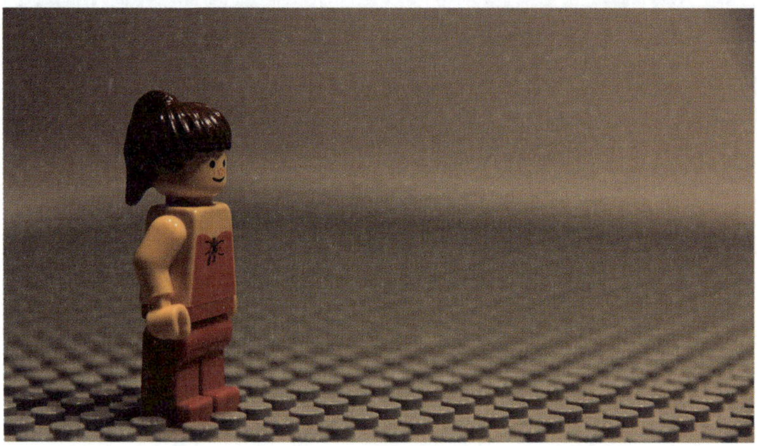

Abbildung 7.24: Viertes Bild im Gehzyklus

Das vierte Bild sollte nun wieder genauso aussehen wie das erste Bild, nur dass sich die Figur um eine Reihe nach vorne bewegt hat. Ziehen Sie dazu den abgeknickten linken Fuß nach vorne, sodass die Figur fest auf beiden Beinen steht. Die Arme hängen nun wieder gerade am Körper herunter.

Diese vier Bilder zeigen einen einzigen Vorwärtsschritt mit dem rechten Bein. Vermutlich wird Ihre Figur aber einen längeren Weg zurücklegen wollen, deswegen sind Sie hier noch nicht fertig. Behalten Sie beim vierten Bild den Oberkörper ein wenig in seiner vorgebeugten Lage. Nachdem der erste Zyklus mit dem rechten Bein begonnen hat, ist nun das Linke dran.

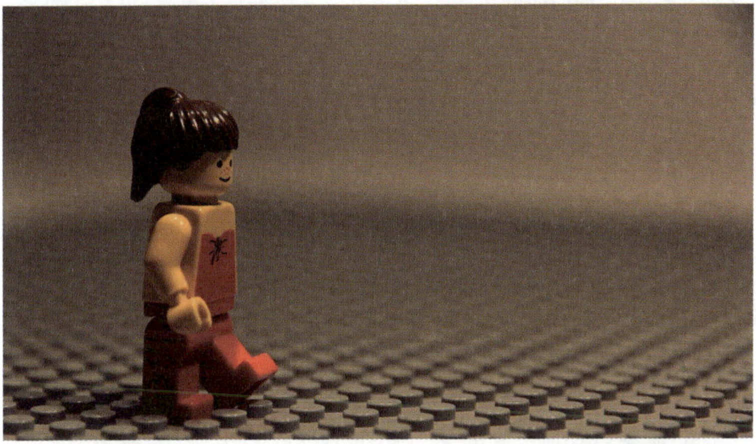

Abbildung 7.25: Der nächste Zyklus beginnt mit dem linken Bein

Das linke Bein wird nach vorne abgewinkelt, die Arme schwingen in die andere Richtung, nämlich wieder genau gegengleich zur Bewegung der Beine.

Vervollständigen Sie diesen Schritt genau seitenverkehrt wie den oben beschriebenen rechten Vorwärtsschritt, bis die Figur wieder mit beiden Beinen am Boden steht. Dann ist, Sie werden es schon erraten haben, wieder das rechte Bein an der Reihe. Gehen Sie so lange nach diesem Schema vor, bis die Figur ihr Ziel erreicht hat.

Das wichtigste bei der Gehbewegung ist die Kontinuität. Lassen Sie sich gerade bei dieser scheinbar langweiligen und unwichtigen Bewegung Zeit, damit Ihnen keine Fehler passieren. Achten Sie darauf, dass sich linke und rechte Vorwärtsschritte immer Abwechseln, kein normaler Mensch steigt immer mit dem selben Fuß nach vorne!

Passen Sie außerdem auf, dass Sie die Armbewegungen nicht vergessen und dass die Arme immer gegengleich zu den Beinbewegungen schwingen. Gehen Sie einmal vor einem Spiegel auf und ab, Sie bewegen sich auch genau so!

Idee
Lassen Sie eine Figur durch eine schöne LEGO-Landschaft spazieren und achten Sie besonders auf das Schwingen der Arme, sodass die Bewegung möglichst natürlich wirkt.

7.7 Die Laufbewegung

In manchen Fällen muss sich eine LEGO-Figur vielleicht etwas schneller als im vorigen Kapitel beschrieben bewegen. Eine Verfolgungsjagd mit gehenden Figuren sähe beispielsweise nicht sehr echt aus.

Für solche Fälle gibt es wieder eine andere Bildfolge mit anderen Bewegungsabläufen, die Ihre Protagonisten durch das Bild laufen lassen.

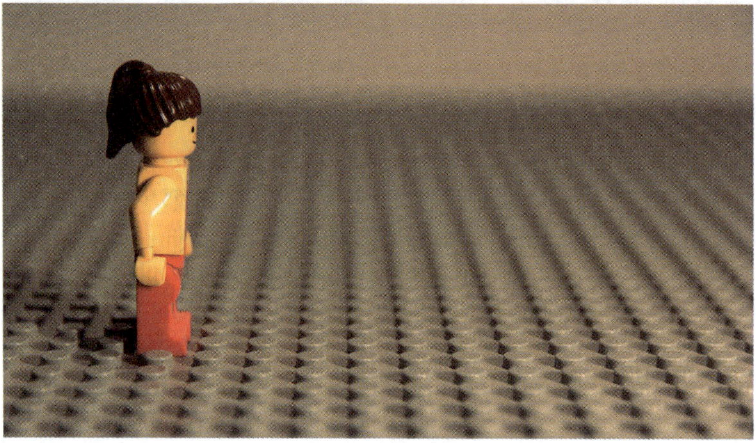

Abbildung 7.26: Erstes Bild im Laufzyklus

Sie beginnen den Laufzyklus genau wie den Gehzyklus in Normalposition: Beide Beine sind am Boden, die Arme hängen gerade nach unten.

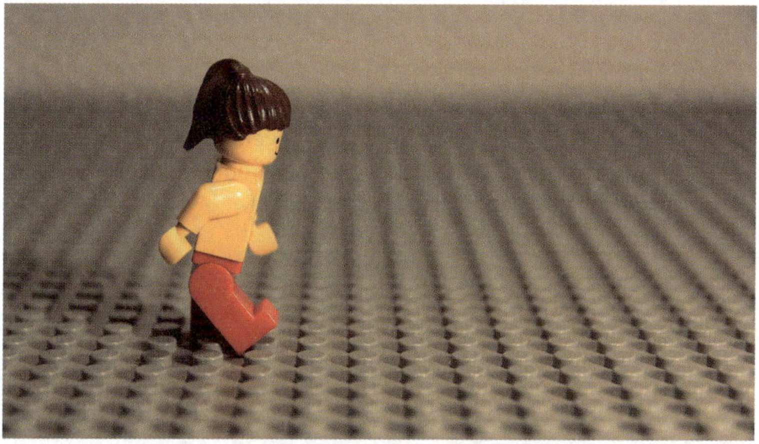

Abbildung 7.27: Zweites Bild im Laufzyklus

Im zweiten Bild haben Sie bereits viel zu tun. Zuerst bewegen Sie die ganze Figur eine Reihe nach vorne, weil sie sich beim Laufen ja viel schneller bewegt, und zusätzlich wird noch das rechte Bein nach vorne abgewinkelt.

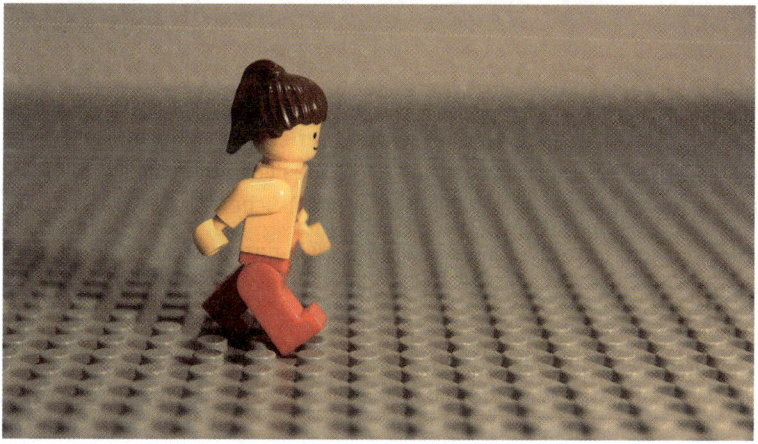

Abbildung 7.28: Drittes Bild im Laufzyklus

Der Oberkörper wird stärker als bei der Gehbewegung nach vorne gebeugt und die Arme schwingen gegengleich zum ersten Schritt, also in diesem Fall (rechtes Bein nach vorne) der rechte Arm nach hinten und der linke Arm nach vorne.

Der dritte Schritt ist etwas kniffelig. Zusätzlich zum rechten Bein winkeln Sie nun das linke Bein auch ab, aber nach hinten. Die Figur steht dadurch genau zwischen den Noppen der Platte, was die Angelegenheit etwas wackelig macht. Die Arme bewegen sich noch weiter nach oben. Balancieren Sie die Figur aus und passen Sie auf, dass sie nicht umfällt.

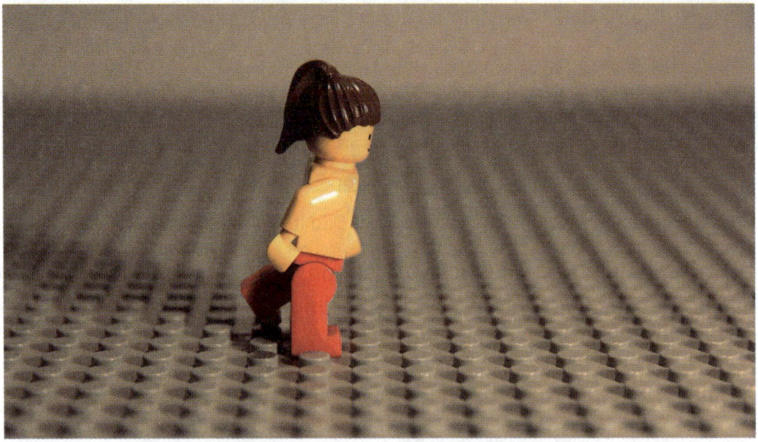

Abbildung 7.29: Viertes Bild im Laufzyklus

Beim vierten Bild kippen Sie die Figur wieder etwas nach vorne. Das rechte Bein steht nun fest auf der nächsten Reihe, das linke Bein bleibt nach hinten abgewinkelt. Die Arme schwingen wieder ein bisschen zurück.

Das fünfte und letzte Bild ist wieder gleich wie das erste Bild. Die Figur wird eine ganze Reihe nach vorne bewegt und steht wieder mit beiden Beinen am Boden. Die Arme hängen gerade nach unten.

Soll die Bewegung noch weitergehen, bleibt der Oberkörper nach vorne gebeugt und der Zyklus beginnt seitenverkehrt von vorne. In diesem Fall würde er also mit dem linken Bein beginnen.

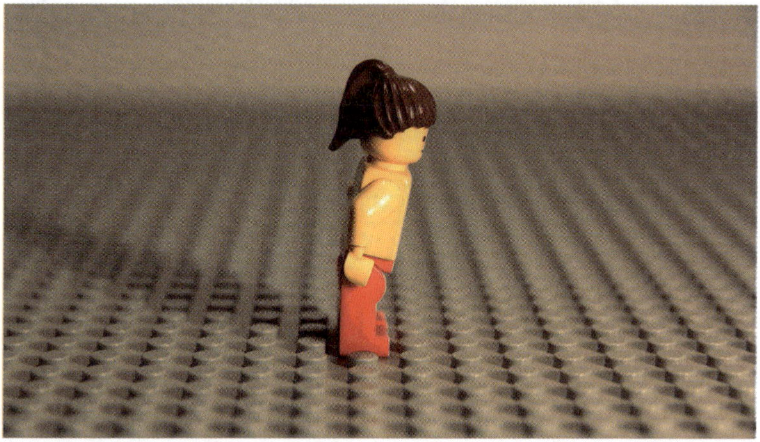

Abbildung 7.30: Fünftes Bild im Laufzyklus

Beenden Sie so eine Laufbewegung, indem Sie bei den letzten paar Schritten in die Gehbewegung übergehen, sonst würde die Figur zu abrupt stehen bleiben.

Wie auch bei der Gehbewegung gilt hier: Vergessen Sie nicht die Arme und achten Sie darauf, dass Sie den Zyklus immer abwechselnd mit dem linken und dem rechten Bein beginnen. Die Arme müssen sich außerdem immer gegengleich zu den Beinen bewegen. Beginnt der Zyklus mit dem linken Bein, bewegt sich der linke Arm nach hinten.

Idee

Verbinden Sie eine Kamerafahrt mit der Laufbewegung. Folgen Sie beispielsweise einer gestressten LEGO-Figur, die unbedingt noch den Zug erwischen will und dabei allerhand Hindernisse umgehen muss!

8 Spezialeffekte

Was wäre ein Film ohne Spezialeffekte? In diesem Kapitel erfahren Sie, wie Sie Ihre Figuren springen oder sogar fliegen lassen und wie sie sonst noch allerhand verrückte Dinge anstellen können.

8.1 Springen, Fliegen, Schweben

Immer, wenn sich bei einem Stop-Motion-Film etwas in der Luft befinden soll, bekommen wir ein Problem. Denn im Gegensatz zu einem echten Film, wo die Schauspieler einfach springen und Objekte durch die Gegend werfen können, brauchen wir bei einem Stop-Motion-Film ja für jedes Bild etwas Zeit, die Objekte und Figuren müssen also in ihrer Bewegung »einfrieren«, und das geht in der Luft relativ schlecht.

Deshalb müssen Sie sich in so einer Situation abhelfen und in die digitale Trickkiste greifen.

In diesem Beispiel will ich diese Frau wie Superman durch die Luft fliegen lassen. Dazu habe ich mir aus ein paar LEGO-Steinen eine Konstruktion gebastelt, die die Figur in der Luft hält.

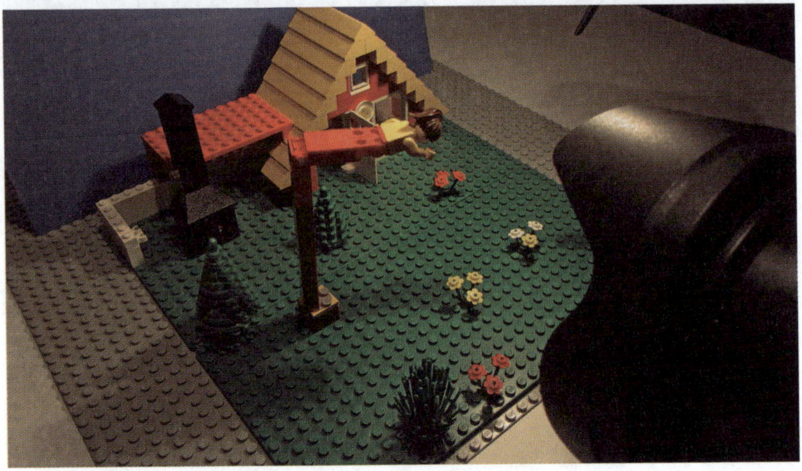

Abbildung 8.1: Der Aufbau für eine »Superman«-Szene

Mit Hilfe dieser Konstruktion bleibt die Figur in der Luft genau in der gewünschten Position, und ich kann sie in alle Richtungen schwenken und bewegen. Ein Problem hätte ich damit also schon gelöst, ich habe die Bewegung in der Luft »eingefroren« und fotografiere diese Szene einfach einmal.

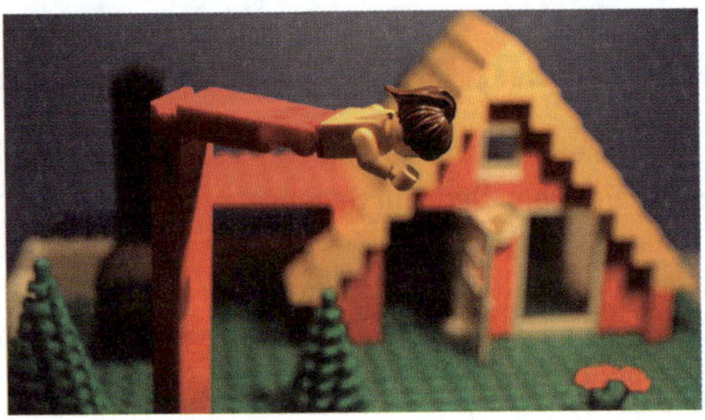

Abbildung 8.2: Die Figur mit der Halterung

Das Problem ist nun aber, dass wir natürlich diese Halterung nicht im fertigen Film haben wollen, sie muss nachträglich am Computer entfernt werden. Dazu muss der Computer aber »wissen«, was sich hinter der Halterung verbirgt. Deswegen mache ich nach dem oberen Bild noch ein zweites Foto ohne die Figur und ohne die Halterung.

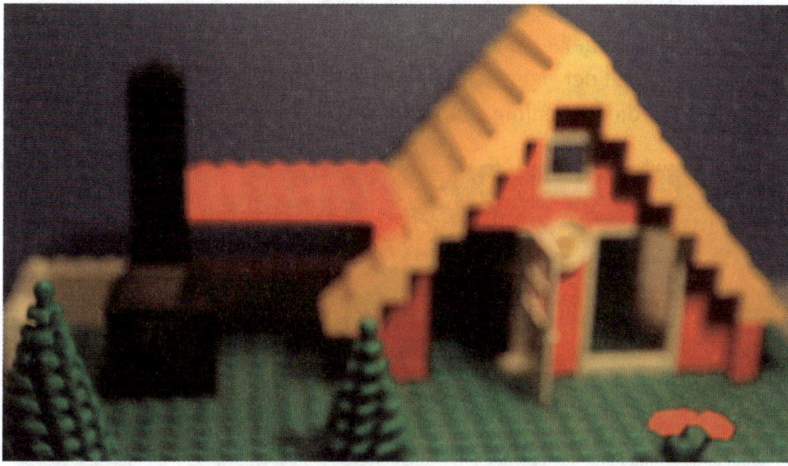

Abbildung 8.3: Das Bild ohne Figur und Halterung

Wichtig ist, dass außer der entfernten Figur und Halterung alles genau gleich ist: Bildausschnitt, Beleuchtung und Fokus. Wenn Sie eine Kamera mit manuellem Fokus haben, ist das kein Problem. Eine Kamera ohne manuellen Fokus wird, sobald die Figur entfernt wird, auf den Hintergrund, also auf das Haus scharf stellen. Dadurch würde das Bild aber ganz anders aussehen, und darum müssen Sie in diesem Fall einen kleinen Trick anwenden. Lassen Sie die Figur noch im Bild und drücken Sie den Auslöser halb durch. Dadurch stellt sich der Fokus auf die Figur ein. Lassen Sie den Finger auf dem Auslöser und entfernen Sie mit der anderen Hand die Figur und die Halterung. Anschließend können Sie den Auslöser ganz drücken und dadurch ein Foto machen.

Wiederholen Sie diese Schritte für jedes Bild der Flug- oder Sprungsequenz. Wenn Sie die Kameraposition nicht ändern, müssen Sie natürlich nicht jedes Mal ein Bild ohne Figur machen, da sich der Hintergrund ja nicht geändert hat.

Wenn Sie fertig gedreht haben, überspielen Sie die Fotos auf den Computer. Bevor Sie die Bilder aber in einen Film verwandeln, müssen sie jetzt einzeln bearbeitet werden. Ich verwende dafür Adobe Photoshop CS6, prinzipiell ist die Vorgangsweise aber in allen Grafikprogrammen relativ ähnlich.

Öffnen Sie jeweils das Bild mit und ohne Figur in Ihrem Grafikprogramm und legen Sie die zwei Bilder in zwei Ebenen exakt übereinander, indem Sie beide

Bilder auf eine Arbeitsfläche ziehen. Hier können Sie durch Verschieben der Ebenen noch eventuelle Kamerabewegungen ausbessern. Achten Sie darauf, dass die Ebene mit der Figur sichtbar ist. Eventuell müssen Sie dafür rechts im Ebenenfenster die Reihenfolge vertauschen.

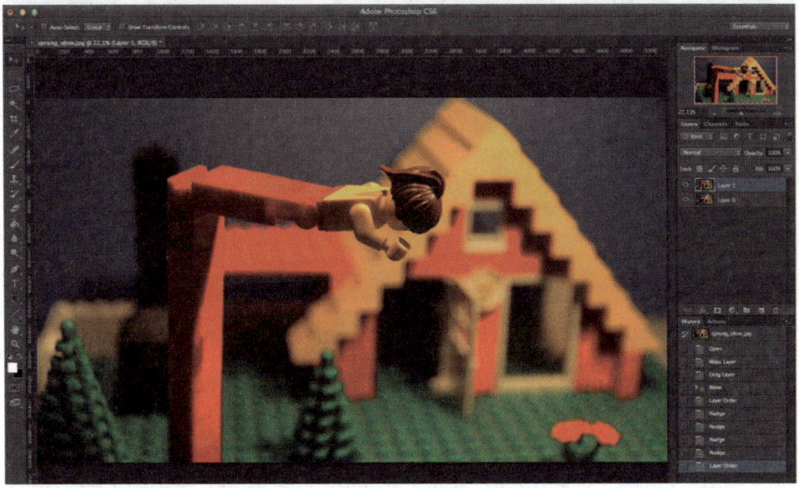

Abbildung 8.4: Die beiden Bilder in Adobe Photoshop

Wenn die beiden Ebenen wirklich genau übereinander liegen, wählen Sie die Ebene mit der Figur aus und klicken auf das Radiergummi-Werkzeug (in Photoshop: Eraser Tool, Tastenkürzel [E]).

Mit diesem können Sie nun vorsichtig die Halterung wegradieren. Darunter kommt dann die Ebene zum Vorschein, die nur den Hintergrund zeigt.

Passen Sie vor allem beim Verbindungspunkt zur Figur auf, dass Sie nichts von der Figur entfernen. Wählen Sie dazu einen kleineren und härteren Radiergummi, um präziser arbeiten zu können. Auch wenn es mühsam ist, so viele Bilder zu bearbeiten, müssen Sie sorgfältig arbeiten, damit Sie am Ende auch wirklich zufrieden mit dem Ergebnis sein können!

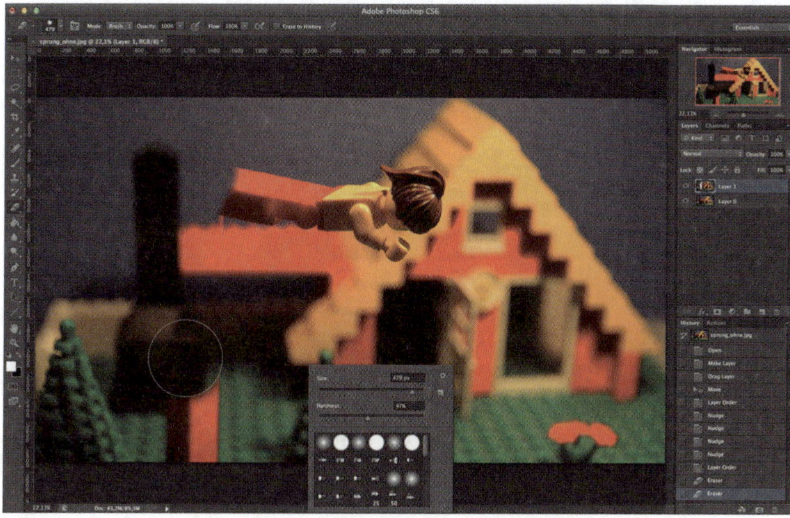

Abbildung 8.5: Das Radiergummi-Werkzeug

Sie können anstelle der zwei Bilder auch mit jeweils einem Bild arbeiten, wenn Sie die Halterung mit dem Stempel-Werkzeug entfernen. Das geht zwar schneller, meistens wird der Hintergrund aber dann nicht ganz perfekt und der Zuschauer bemerkt, dass das Bild manipuliert wurde. Gerade für lange Szenen, wo sich der Hintergrund ständig ändert (wie in der Bullet-Time-Sequenz, die im nächsten Kapitel beschrieben wird), bevorzuge ich aber diese schnellere Variante mit dem Stempel-Werkzeug.

Wählen Sie dafür das Stempel-Werkzeug aus der Werkzeugleiste (oder drücken Sie S in Photoshop). Halten Sie Alt gedrückt und wählen Sie den Punkt, von dem der Stempel kopieren soll. Durch Klicken und Wischen können Sie nun Bilddaten von dem zuvor gewählten Punkt auf eine andere Stelle übertragen und so die Haltevorrichtung übermalen. Mit einem Rechtsklick auf das Bild können Sie gegebenenfalls die Größe und Weichheit des Werkzeuges anpassen.

Bei neuen Versionen von Photoshop oder anderen Bildbearbeitungsprogrammen gibt es Werkzeuge, die Objekte mittels künstlicher Intelligenz automatisch entfernen. Das ist zwar praktisch, aber auch hier gilt: Die Ergebnisse werden bei jedem Bild etwas anders aussehen, was im fertigen Film dann als unschönes Flackern auffällt.

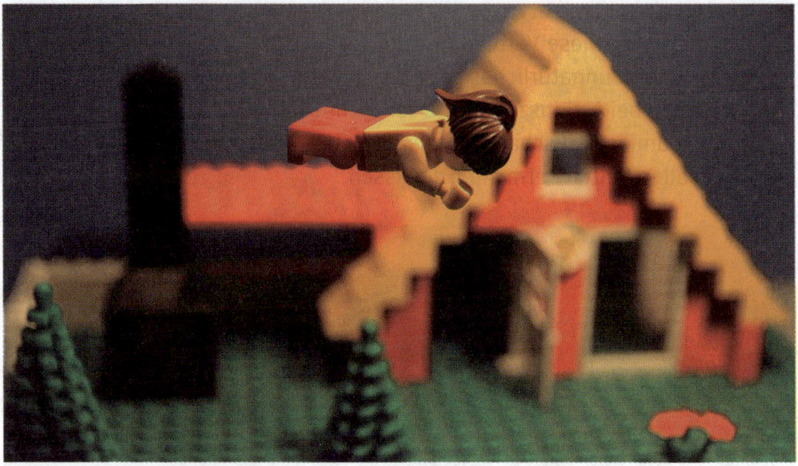

Abbildung 8.6: Das fertig bearbeitete Bild

Am Ende sollte das Bild dann so aussehen. Wenn Sie fertig sind, speichern Sie das Bild unter dem originalen Namen als JPG-Bild in einem neuen Ordner. Danach öffnen Sie das nächste Bild der Flugszene und wiederholen den Vorgang von neuem. So erhalten Sie Bild für Bild die bearbeitete Flug- oder Sprungszene.

Idee
Mit dieser Technik eröffnen sich Ihnen viele neue Möglichkeiten. Drehen Sie doch einen kurzen Superheldenfilm, bei dem der Held elegant durch die Luft gleitet und über scheinbar unüberwindbare Distanzen springt. Und wenn sich ihm ein Bösewicht in den Weg stellt, wirft er ihn aus dem Fenster.

8.2 Der Matrix »Bullet-Time«-Effekt

Der sogenannte »Bullet-Time«-Effekt ist eine besondere Filmtechnik, die in vielen Kinofilmen wie »Matrix« oder »Blade« sowie Computerspielen wie »Max Payne« oder »Need for Speed« angewendet wurde und noch immer sehr populär ist.

Ziel dieses Effektes ist es, eine Kamerafahrt um ein in der Zeit stillstehendes Objekt zu zeigen. Diese Verbindung aus Zeitlupe und schneller Kamerabewegung erzeugt ein unnatürliches und besonders spektakuläres Aussehen. Dies wird vor allem bei Actionszenen und sehr schnellen Dingen wie Pistolenkugeln verwendet, um dem Zuschauer diese ansonsten sehr kurzen Vorgänge in aller Ruhe von allen Seiten betrachten zu lassen.

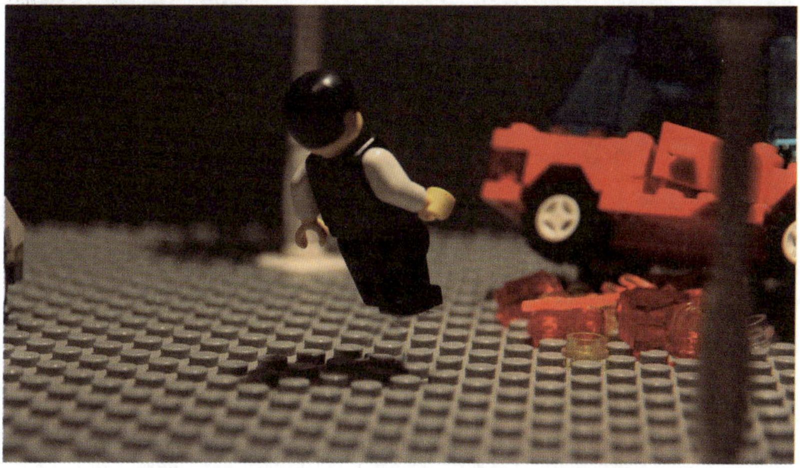

Abbildung 8.7: Screenshot von meinem Beispielfilm

In diesem kurzen Film habe ich ein Auto explodieren lassen, woraufhin die LEGO-Figur von der Druckwelle erfasst und in die Luft geschleudert wird. Genau in diesem Moment bleibt die Zeit stehen und die Kamera bewegt sich im Kreis um die Szene herum.

http://youtu.be/D4KSf1w8jhE

In Realfilmen kann dieser Effekt nur mit einer teuren Studioausrüstung und sehr vielen Kameras (bei Matrix waren es 122 Fotokameras und zwei Filmkameras) realisiert werden, bei Stop-Motion-Filmen haben wir hier wieder einmal einen Vorteil.

Alles, was wir brauchen, ist die normale Stop-Motion-Ausrüstung, also Kamera, Beleuchtung und Set, einen einheitlichen Hintergrund und eine Drehscheibe.

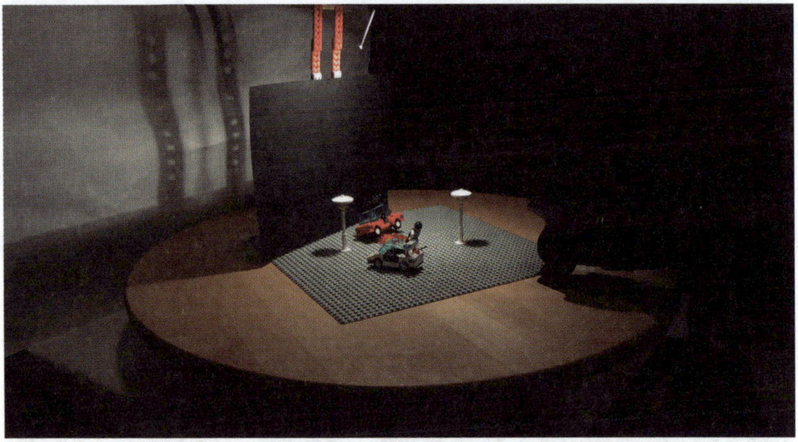

Abbildung 8.8: Das Set für meinen Bullet-Time-Film

Beim Aufbau des Sets gibt es nun einige Dinge zu beachten. Zuerst bauen Sie ganz normal die Szene mit LEGO-Teilen. Die Grundplatte des Sets wird allerdings auf der Drehscheibe platziert! Achten Sie darauf, dass die Platte wirklich genau in der Mitte positioniert und gut befestigt ist.

Als nächstes stellen Sie die Kamera auf, und zwar so, dass sie genau auf die Mitte der Drehscheibe gerichtet ist. Ich platziere dafür einen LEGO-Stein in der Mitte der LEGO-Platte und drehe die Scheibe in alle Richtungen. Bleibt der Stein immer in der Mitte des Bildes, ist alles richtig eingestellt.

Als Hintergrund verwende ich hier ein einfarbig schwarzes Blatt Papier. Der Hintergrund darf sich nicht mit der Scheibe mitbewegen, also habe ich ihn mit LEGO-Teilen und Klebestreifen von oben befestigt. Achten Sie darauf, dass der Hintergrund nicht die Platte berührt, da er sich sonst während des Drehs bewegt. Er soll aber auch nicht zu hoch fixiert werden, damit man den Spalt zwischen Hintergrund und Bodenplatte nicht sieht.

Die Beleuchtung sollte in diesem Fall nur von oben kommen, da sich bei einer seitlichen Beleuchtung mit dem Drehen der Platte die Schatten verändern würden.

Wenn Sie fertig sind, kontrollieren Sie, ob sich die Drehscheibe frei bewegen lässt und weder den Hintergrund noch die Kamera streift, dann kann es auch schon los gehen!

Sie können ganz normal mit dem Dreh der Szene beginnen. Wenn Sie zu dem Punkt kommen, an dem Sie die Zeit »anhalten« wollen – das sollte ein möglichst spektakulärer Zeitpunkt sein, also beispielsweise wenn sich etwas in der Luft befindet oder etwas Dramatisches passiert – verändern Sie nichts mehr an der Szene und beginnen vorsichtig, die Drehscheibe zu bewegen. Starten Sie mit einer ganz kleinen Bewegung und machen Sie ein Bild. Drehen Sie nach jedem Bild etwas mehr, bis Sie nach vier bis acht Bildern die gewünschte Geschwindigkeit erreicht haben. Drehen und fotografieren Sie dann immer weiter, bis Sie fast wieder den Ausgangspunkt erreicht haben. Ab diesem Punkt verkleinern Sie die Drehbewegungen wieder, bis die Platte schließlich wieder stillsteht. Hier können Sie dann die Handlung wieder fortsetzen.

Sie können, wenn Sie wollen, auch ein Maßband um die Scheibe herum wickeln, damit Sie die Bewegungen besser abschätzen können.

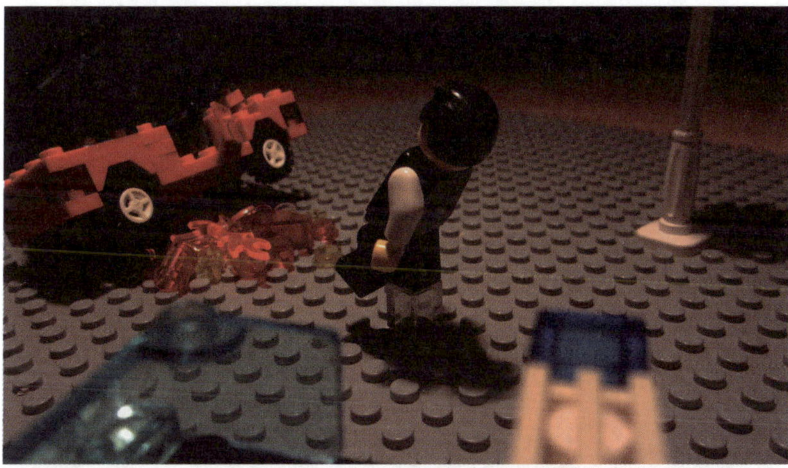

Abbildung 8.9: Das Set für meinen Bullet-Time-Film

Besonders spektakulär sieht dieser Effekt aus, wenn sich gerade eine Figur in der Luft befindet. Dann müssen Sie allerdings, wie im vorigen Kapitel beschrieben, bei jedem Bild die Halterung der Figur entfernen. In diesem Fall hält ein durchsichtiger Stein die LEGO-Figur in der Luft, den ich dann nachträglich mit dem Stempel-Werkzeug in Adobe Photoshop ganz entfernt habe. So muss ich nicht jedes Bild mit und ohne die Figur schießen.

Idee

Setzen Sie diesen spektakulären Effekt an wichtigen Momenten in Ihrem Film ein. Das kann eine Actionszene sein, beispielsweise während einer Kampfszene, wenn der Gegner einen besonders harten Schlag einstecken muss.

Oder Sie verwenden ihn bei einer besonders bedeutenden Szene wie zum Beispiel der erste Kuss eines Liebespaares. Die Zeit bleibt stehen... und die Kamera dreht sich um sie herum.

8.3 Geister und durchsichtige Figuren

Wollten Sie schon einmal einen Geisterfilm drehen, in dem mysteriöse, durchsichtige Gestalten herum schweben? In diesem Kapitel erfahren Sie, wie Sie genau so einen Effekt erreichen können.

Für eine Beispielsszene habe ich ein mittelalterliches Set gebaut. Der Geist soll durch einen dunklen Wald schweben, während man im Hintergrund eine Ritterburg erkennen kann.

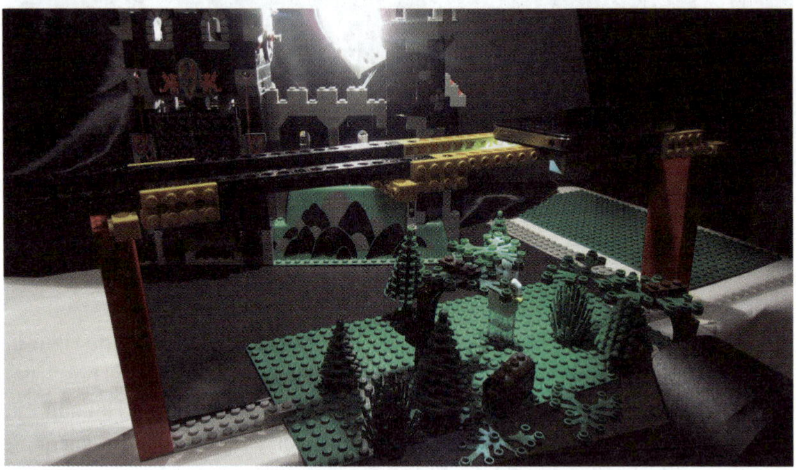

Abbildung 8.10: Mein Setaufbau für die »Geisterszene«

Das Set ist eigentlich recht simpel aufgebaut, den Hintergrund bildet die Ritterburg (um eine düstere Stimmung zu erhalten habe ich dahinter noch ein schwarzes Tuch gehängt), im Vordergrund ist der Wald mit dem Geist zu sehen. Der Geist steht auf LEGO-Steinen, die dann wie in Abschnitt 8.1 beschrieben am Computer entfernt werden.

Sie werden sich aber vermutlich fragen, was es mit dem Gerüst über dem Wald auf sich hat. Es dient als Halterung für eine weitere Lichtquelle, die direkt von oben auf den Geist gerichtet ist und sich mit ihm mitbewegen kann. Ich habe hier als Lichtquelle ein iPhone verwendet, da man es gut auf der Halterung hin und her schieben kann und da die eingebaute LED ein besonders helles und kaltes Licht ausstrahlt. Das steht im starken Kontrast zum sonst eher gelblichen Licht herkömmlicher Lampen und erzeugt eine Art »kalte Aura« um den Geist herum.

Während des Drehs bewegen Sie diese Lichtquelle nach jedem Bild so, dass sie immer direkt über dem Geist positioniert ist. Ansonsten gehen Sie genauso vor wie in Abschnitt 8.1: Sie machen immer ein Bild mit und eins ohne die Figur und die Halterung.

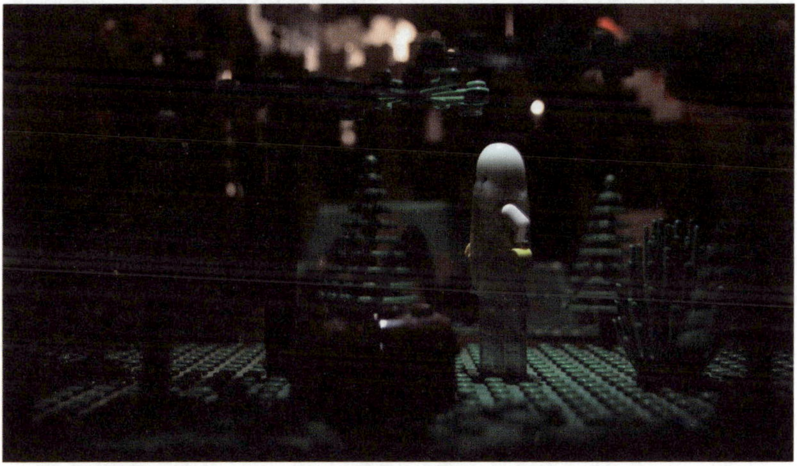

Abbildung 8.11: Der Geist mit Halterung und noch nicht durchsichtig

Wenn Sie fertig sind, importieren Sie die Bilder auf den Computer und öffnen das erste Bildpaar in Ihrem Grafikprogramm, beispielsweise Adobe Photoshop oder GIMP. Legen Sie beide Bilder als zwei Ebenen in einer Arbeitsfläche übereinander und kontrollieren Sie noch einmal, dass die Bildausschnitte wirklich identisch sind. Entfernen Sie nun, falls der Geist schwebt, zuerst die Halterung (siehe Abschnitt 8.1).

Ist die Halterung erst einmal entfernt, wollen Sie den Geist nun noch durchsichtig machen. Wählen Sie dazu die Ebene mit dem Geist aus. In Adobe Photoshop CS6 finden Sie direkt im Ebenenfenster die Einstellung »Deckkraft« (englisch: »Opacity«).

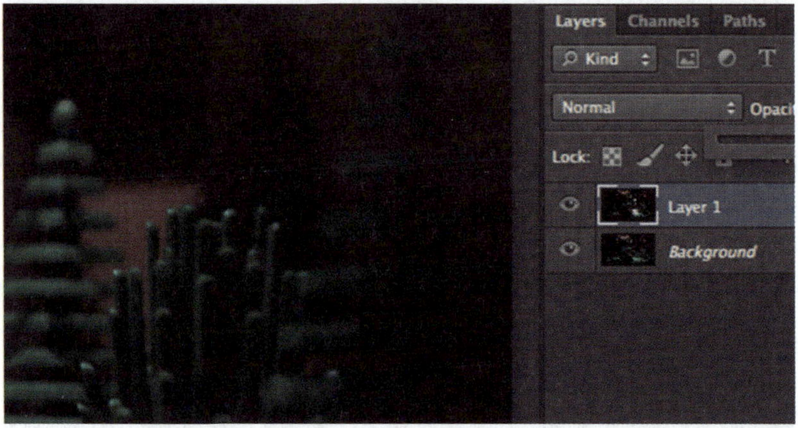

Abbildung 8.12: Die Deckkraft einer Ebene in Adobe Photoshop

Die Deckkraft ist standardmäßig auf 100% gesetzt, Sie können nun aber mit dem Schieberegler den Wert etwas herunter drehen, bis der Hintergrund hinter dem Geist sichtbar wird. Ich habe hier eine Deckkraft von 70% gewählt, je nach Situation und gewünschtem Effekt können Sie aber auch einen anderen Wert wählen. Wichtig ist nur, dass Sie bei jedem Bild der Szene dieselbe Deckkraft wählen, wenn Sie diese Schritte nun für jedes einzelne Bild wiederholen, damit der Geist im Film nicht flackert.

Regeln sind bekanntlich dafür da, gebrochen zu werden: Wenn Sie den Geist langsam wie aus dem Nichts auftauchen oder verschwinden lassen wollen, können Sie die Deckkraft schrittweise von 0% erhöhen oder auf 0% senken.

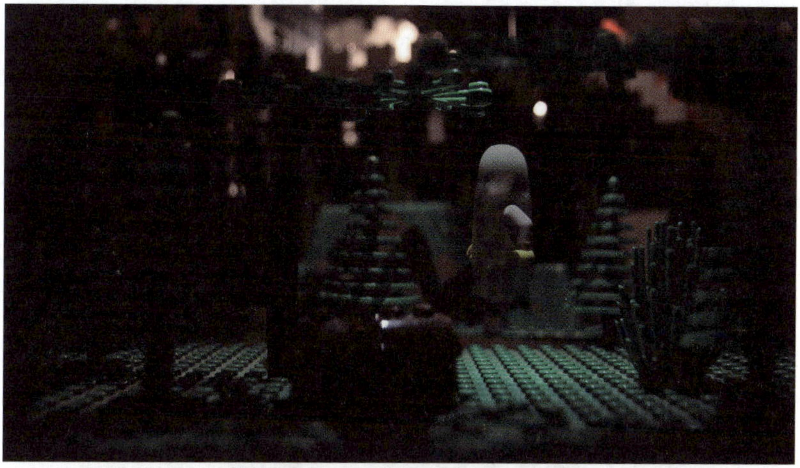

Abbildung 8.13: Das fertige Bild

Idee
Lassen Sie das Schlossgespenst ein paar aufgeschreckte Touristen durch die Gegend jagen! Oder wie wäre es mit einem lustigen Film über das »alltägliche« Leben eines Geistes?

8.4 Mundbewegungen

Wenn Sie in Ihrem Projekt eine Dialogszene einbauen, werden Sie vermutlich wollen, dass sich der Mund der sprechenden Figur bewegt. In diesem Kapitel zeige ich Ihnen, wie das geht.

Professionelle Softwarelösungen wie Dragonframe bieten die Möglichkeit, Mund und Augen einer Figur nachträglich digital zu verändern und mit einer Tonspur zu synchronisieren. Eine andere Möglichkeit wäre, das Bildmaterial einzeln in einem Grafikprogramm wie Adobe Photoshop zu bearbeiten und den Mund zu verändern.

Sie können diesen Effekt also durch digitale Nachbearbeitung erzielen, ich empfehle aber eine einfachere und genauso effektive Lösung.

Für diese Methode benötigen Sie zwei exakt gleiche LEGO-Figuren. In diesem Fall habe ich zwei Polizisten ausgewählt. Nehmen Sie nun eine dieser beiden Figuren und malen Sie mit einem dünnen Faserstift einen offenen Mund in das Gesicht. Je nach Gesicht und Form des Mundes der ursprünglichen Figur kann dieser neue Mund etwas anders aussehen, er soll zur Figur passen und natürlich aussehen.

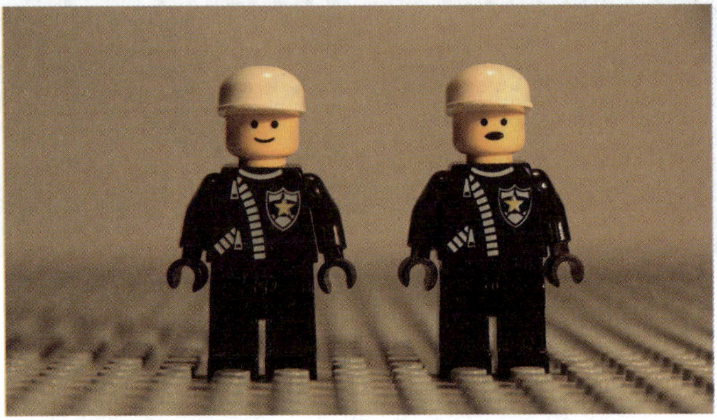

Abbildung 8.14: Zwei fast identische LEGO-Figuren

Wenn Sie mit dem Mund fertig sind, achten Sie darauf, dass auch wirklich alle Teile wie Hände, Hut oder Haare und Beine gleich sind. Dann bringen Sie beide Figuren in die gleiche Position, indem Sie die Hände und den Kopf bei beiden Figuren durch Drehen angleichen.

Nun können Sie auch schon mit dem Drehen anfangen. Beginnen Sie die Szene ganz normal mit der unveränderten Figur. Sobald die Figur zu sprechen beginnt, tauschen Sie die Figuren aus. Wechseln Sie alle paar Bilder zwischen der Figur mit dem offenen und der mit dem geschlossenen Mund. Wenn Sie nach jedem Bild wechseln würden, wäre die Bewegung zu schnell. Ändern Sie immer wieder die Anzahl der Bilder bis zum Wechsel, damit die Bewegung nicht allzu regelmäßig wirkt. Experimentieren Sie damit ein bisschen herum, bis es natürlich aussieht und Sie mit dem Ergebnis zufrieden sind. Wenn Sie besonders gründlich sein wollen, können Sie den Text laut vorsprechen und dabei auf Ihre Mundbewegungen achten. Wenn Sie die Bewegungen langsam und etwas übertrieben machen, werden Sie merken, dass bei manchen Worten der Mund fast geschlossen bleibt und bei manchen offen ist. Ändern Sie dann dementsprechend die Anzahl der Bilder mit offenem Mund, um noch realistischere Mundbewegungen zu erhalten.

Wie Sie sehen ist es hier besonders wichtig, dass Sie beim Drehbuch auch die Dauer und Anzahl der Bilder der Dialoge vermerkt haben (siehe Abschnitt 5.2), denn nur so können Sie Ton und Bild genau aufeinander abstimmen.

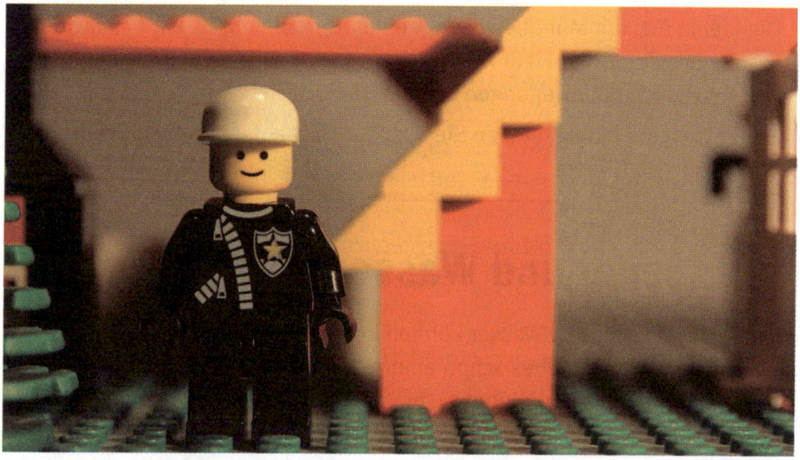

Abbildung 8.15: Die Figur mit geschlossenem Mund

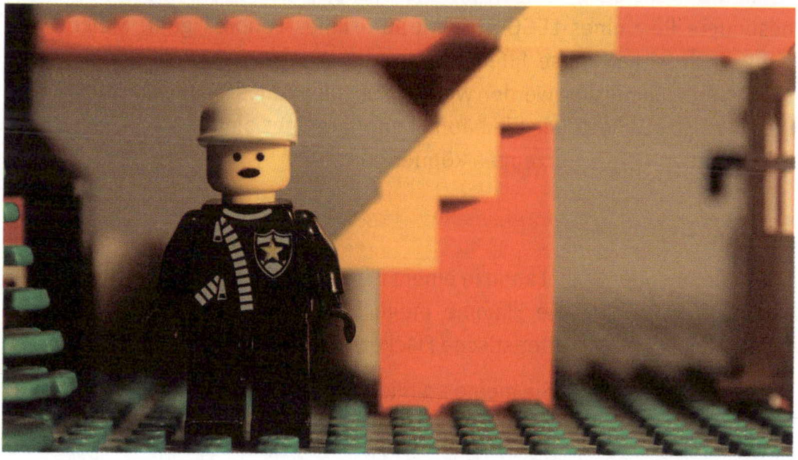

Abbildung 8.16: Die Figur mit offenem Mund an derselben Position

Durch den ständigen Wechsel wird die Figur vermutlich die Position immer ein klein wenig verändern, das ist aber kein Problem, im Gegenteil. Kleine Bewegungen lassen die Szene nur noch natürlicher erscheinen, da niemand komplett still steht während er redet.

Idee
Die ideale Art, um Mundbewegungen auszuprobieren, ist ein Musikvideo. Lassen Sie eine LEGO-Figur Ihren Lieblingssong aufführen, denn beim Singen werden Mundbewegungen besonders deutlich. Bauen Sie eine Bühne, stellen Sie ein paar Fans auf und lassen Sie ihr Idol ein Konzert aufführen!

8.5 Feuer und Wasser

Elemente wie Feuer und Wasser können in Filmen häufig vorkommen, und ich habe zu Beginn des Buches schon einmal erwähnt, dass bei vielen professionellen Stop-Motion-Produktionen solche Effekte nachträglich am Computer digital erzeugt werden.

Wenn Sie den Umgang mit Programmen wie Adobe After Effects beherrschen, können Sie das auch tun, ich finde allerdings, dass dadurch manchmal der besondere Reiz eines LEGO-Stop-Motion-Filmes verloren geht. Meiner Meinung nach wirken diese Effekte viel authentischer, wenn sie genauso mit LEGO-Steinen realisiert werden wie der Rest des Filmes. In diesem Kapitel werden Sie also erfahren, wie Sie häufig benötigte Spezialeffekte ganz ohne digitale Nachbearbeitung erzeugen können.

Feuer

Eine Flamme oder Fackel kann in einem Film wunderbar für Stimmung sorgen. Aber wie kann man die Flamme möglichst realistisch animieren und wie erzeugt man das charakteristische Flackern?

In diesem Video sehen Sie meine animierten Flammen:

http://youtu.be/AmCA16c6Qsk

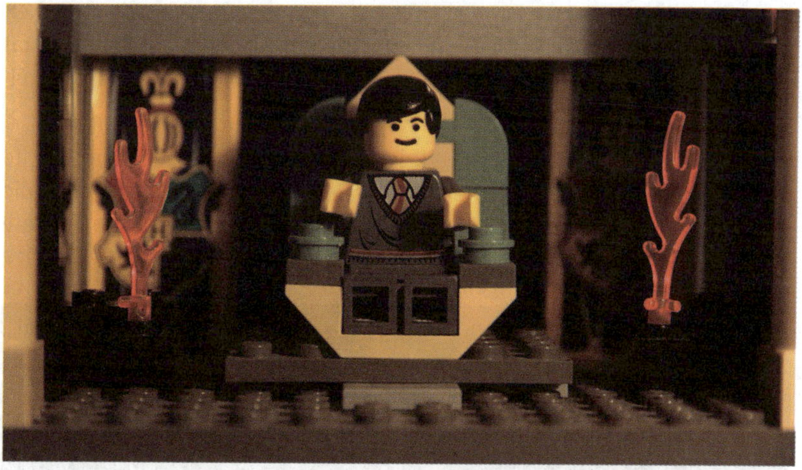

Abbildung 8.17: Screenshot aus meinem kurzen Testfilm

Wie Sie in dem Video sehen können, flackert das Licht rot und orange und die Schatten bewegen sich, genau wie man es bei einer echten Flamme erwarten würde.

Um diesen Effekt zu erhalten, brauchen Sie eine normale Schreibtischlampe, sowie farbige LEDs. In diesem Fall habe ich einige LEGO-Lichter zusammengesteckt, mit durchsichtigen LEGO-Teilen rot und gelb eingefärbt und von oben auf das Set herabhängen lassen.

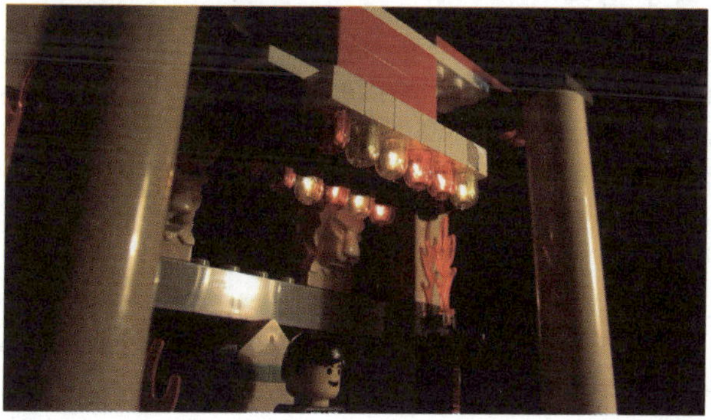

Abbildung 8.18: LEGO-Lichter leuchten von oben auf das Set herunter

Der Vorteil dieser Lichter ist, dass mit Hilfe der Steuereinheit die Helligkeit genau reguliert werden kann. So können Sie nach jedem Bild die Intensität anpassen, was die Beleuchtung im Film flackern lässt. Durch die roten und gelben Lampen wird der Raum außerdem noch richtig eingefärbt.

Um die Schatten etwas »tanzen« zu lassen, brauchen Sie noch eine zweite bewegliche Lichtquelle. Ich habe hier eine Schreibtischlampe verwendet, die ich aber gedimmt habe, damit sie nicht ganz so hell leuchtet und so das rote Licht überdeckt.

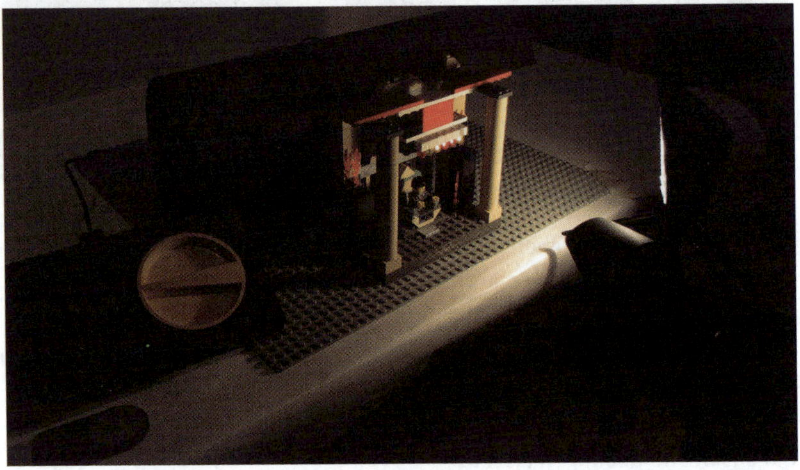

Abbildung 8.19: Das Set mit der Steuereinheit und der zweiten Lichtquelle

Diese zweite Lichtquelle platzieren Sie so, dass sie möglichst direkt auf das Set leuchtet. Dadurch bringen Sie die durchsichtigen LEGO-Flammen zum Leuchten, und erzeugen nebenbei auch noch einen harten Schatten. Wenn Sie nun nach jedem Bild die Position dieser Lampe ein bisschen verändern, wandern auch die Schatten, wie das auch bei einer echten Flamme der Fall wäre.

Idee

Drehen Sie eine stimmungsvolle Szene, die nur von einer kleinen LEGO-Kerze beleuchtet wird.

Oder versammeln Sie Ihre LEGO-Figuren gemütlich um ein Lagerfeuer, und lassen Sie sie von ihren Abenteuern berichten.

Zu guter Letzt müssen Sie sich noch um die Flamme selbst kümmern. In diesem Fall habe ich eine Art Fackel gebaut. Diese LEGO-Flammen können Sie wunderbar animieren, indem Sie sie nach jedem Bild ein klein wenig bewegen.

Wenn Sie eine größere Flamme benötigen, beispielsweise für ein Lagerfeuer, können Sie diese aus roten, orangen und gelben Wollfäden, oder aus einem Haufen durchsichtiger LEGO-Steine modellieren.

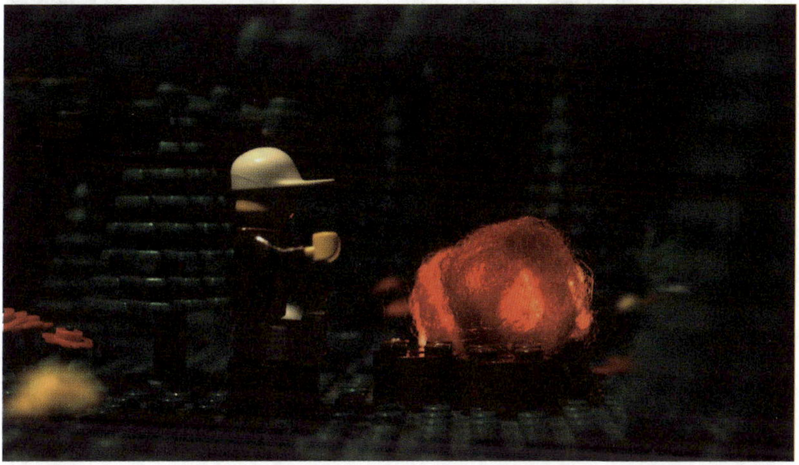

Abbildung 8.20: Flammen aus Wollfäden

Für dieses Lagerfeuer habe ich bunte Filzwolle verwendet. Kaufen Sie eine eher dicke Wolle, die aus verschiedenen roten und orangen Farbtönen besteht. Schneiden Sie dann ein kurzes Stück davon ab, am besten sieht der Effekt mit einem hellen Rot und Orange aus. Aus diesem Wollfaden bilden Sie nun einen kleinen Ball, den Sie anschließend zwischen ein paar LEGO-Steinen einklemmen.

Nun da Sie das Feuer haben, müssen Sie sich nur noch um die passende Beleuchtung kümmern. Beleuchten Sie das Set nicht allzu hell und verwenden Sie stattdessen eine längere Belichtungszeit. Für dieses Beispielbild habe ich die Lampe direkt von oben auf das Lagerfeuer leuchten lassen, damit die Schatten realistisch aussehen. Etwas Wichtiges fehlt aber noch: Das Feuer sollte ja auch leuchten!

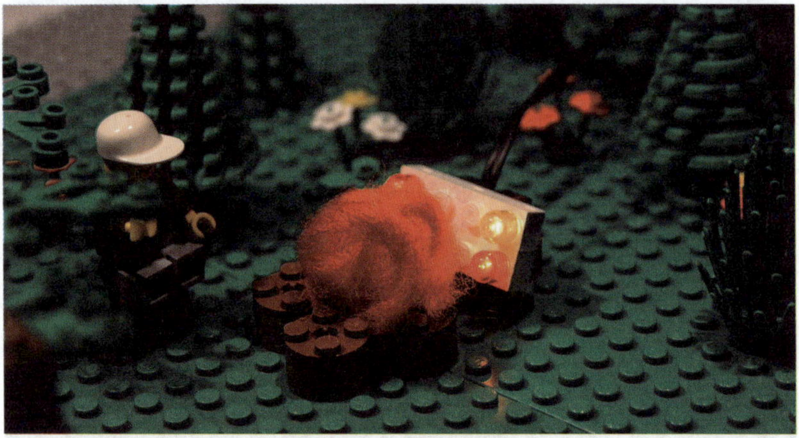

Abbildung 8.21: Das Feuer wird von hinten beleuchtet

Damit das Feuer auch schön hell leuchtet, wird das Wollknäuel von hinten beleuchtet. Dazu habe ich direkt dahinter zwei LEGO-Lampen platziert. Sie können auch eine beliebige andere Lichtquelle verwenden, wichtig ist nur, dass sie von der Kamera aus gesehen genau hinter dem Feuer platziert wird und somit hinter dem Wollknäuel verschwindet. Das Kabel können Sie gerade nach hinten verlegen, damit es auch von dem Feuer verdeckt wird.

Wenn Sie die Szene nun drehen, verändern Sie nach jedem Foto die Helligkeit der Hintergrundbeleuchtung und die Form des Wollknäuels. Drücken Sie die Wolle dazu zusammen und drehen Sie sie ein bisschen. Im Film wirkt diese Veränderung dann wie das Flackern einer echten Flamme.

Idee
Eine Figur kocht sich gerade ein Mittagessen, als plötzlich der Herd in Flammen aufgeht. Wenn Sie eine LEGO-Feuerwehr haben, können Sie die Feuerwehrmänner den Brand mit Schaum aus Watte löschen lassen!

Wasser

Es gibt viele Arten, wie Sie Wasser in Ihrem Stop-Motion-Projekt simulieren können. Hier möchte ich drei davon zeigen, wobei jede Art für verschiedene Einsatzzwecke geeignet ist.

Die erste Möglichkeit ist, das Wasser durch farbige Tücher zu simulieren. Das ist vor allem dann vorteilhaft, wenn Sie größere Wassermengen wie einen Ozean oder See brauchen und darauf mit einem Schiff fahren wollen. Besonders geeignet dafür sind Seidentücher, da sie meist etwas glänzen und mit ihrem besonders dünnen und fließenden Stoff einen guten Wasserersatz hergeben.

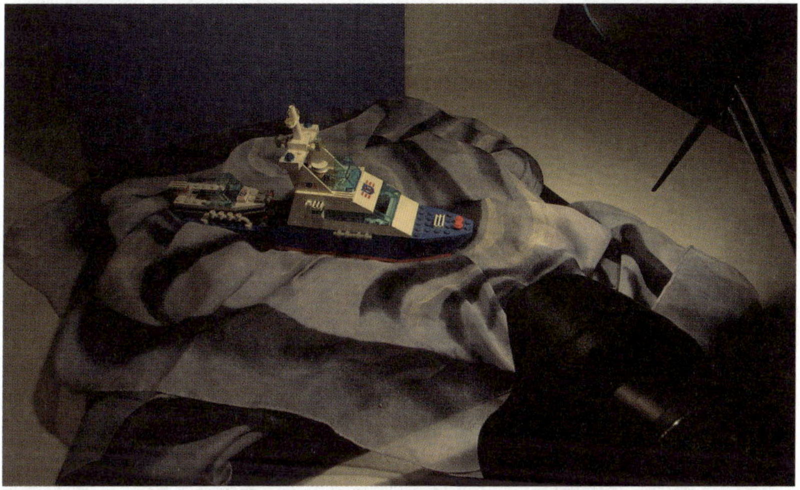

Abbildung 8.22: Seidentücher ergeben einen tollen Ozean

Ideal sind Tücher, die aus mehreren verschiedenen Blautönen bestehen. In diesem Fall habe ich unter das Seidentuch noch ein zweites tiefblaues Tuch gelegt, da das Seidentuch ziemlich durchsichtig ist und man sonst den grauen Untergrund gesehen hätte. Legen Sie das Tuch so auf, dass es ein paar Falten wirft die wie Wellen aussehen. Betrachten Sie das Set durch die Kameralinse und zupfen Sie so lange am Tuch herum, bis Sie mit dem Aussehen zufrieden sind.

Während des Drehs können Sie das Tuch immer wieder etwas verrutschen, damit sich die »Wellen« bewegen. Die Position der Kamera und die Tiefenunschärfe erledigen dann den Rest. So können Sie mit relativ einfachen Mitteln einen Ozean erschaffen.

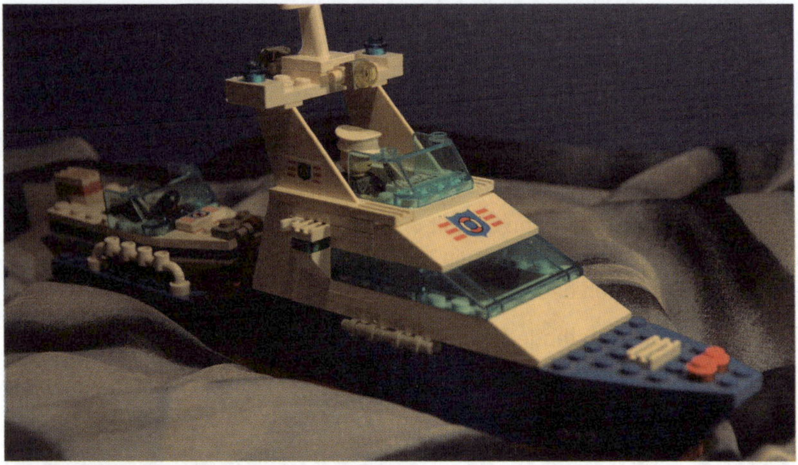

Abbildung 8.23: Das fertige Set

Die zweite Möglichkeit wäre, echtes Wasser zu verwenden. Manche LEGO-Bausätze haben in der Grundplatte bereits einen Pool eingebaut, Sie können sich aber aus einer Plastikschale auch selber ein Schwimmbad bauen.

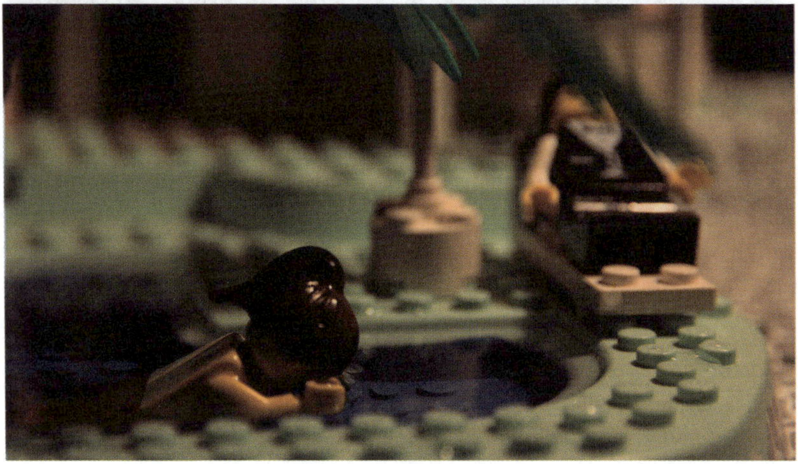

Abbildung 8.24: Ein Pool mit echtem Wasser

Der Vorteil von echtem Wasser ist, dass es schöne Spiegelungen erzeugt und dass Sie LEGO-Figuren darin platzieren können. Tippen Sie die Wasseroberfläche vor jedem Foto kurz an, wenn Sie kleine Wellen erzeugen wollen.

Beachten Sie, dass normale LEGO-Steine nicht komplett wasserdicht zusammengesteckt werden können. Bauen Sie also niemals einen Pool aus LEGO-Steinen, das Wasser würde zwischen den Steinen auslaufen. Seien Sie außerdem immer vorsichtig, wenn Sie mit Wasser in der Nähe Ihrer Fotoausrüstung hantieren und halten Sie immer ein Tuch für den Notfall bereit. Schließlich wollen Sie LEGO-Figuren baden lassen und nicht Ihre teure Kamera!

Eine ganz andere Methode können Sie anwenden, wenn Sie eine Szene mit einem fließenden Gewässer drehen wollen. Diese Methode hat außerdem den Vorteil, dass Sie bei einem LEGO-Stop-Motion-Film ganz dem Stil treu bleiben, weil hier sogar das Wasser aus LEGO-Steinen besteht.

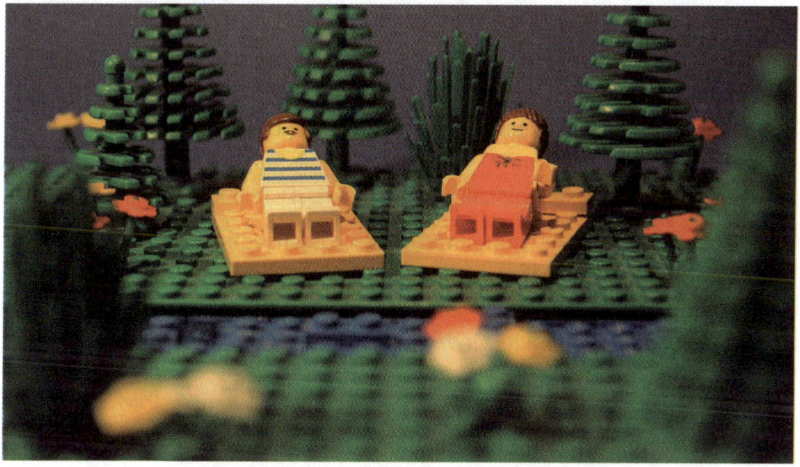

Abbildung 8.25: Ein Fluss aus LEGO-Steinen

Wenn Sie einen Bach oder Fluss brauchen, dann können Sie mit den vorigen Wassereffekten nicht viel anfangen, schließlich müssen Sie das Wasser hier animieren können, damit der Eindruck eines fließenden Gewässers entsteht. Für diese Picknickszene habe ich deshalb meinen Bach aus blauen LEGO-Platten und -Steinen gebaut.

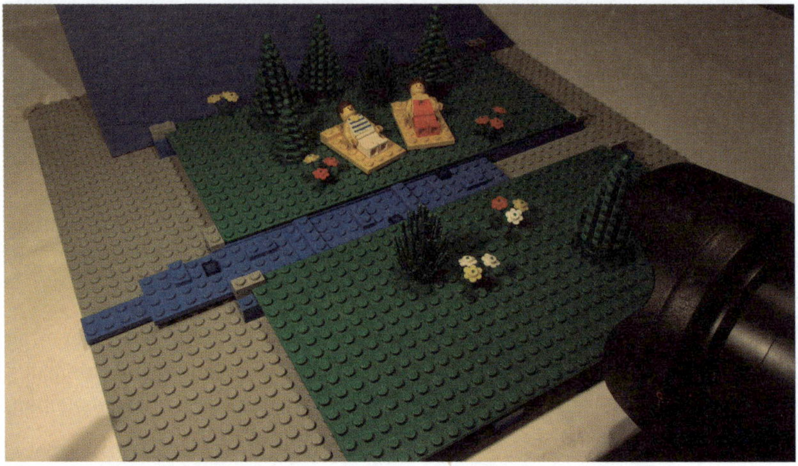

Abbildung 8.26: Setaufbau für das fließende Gewässer

Damit der Bach in einem kleinen Bachbett dahinfließen kann, habe ich das gesamte restliche Set mit LEGO-Steinen um eine Ebene angehoben. Dieses Set besteht aus zwei grünen Platten für die zwei Uferseiten. In den dadurch entstandenen Graben kommt nun der Bach, bestehend aus einigen langen LEGO-Platten und zufällig platzierten blauen LEGO-Teilen darauf.

Beim Dreh müssen Sie nun nur noch den Bach nach jedem Bild um eine Noppe weiter bewegen. Je nach Anzahl der blauen LEGO-Platten und Länge der Szene kann es sein, dass der Bach zu kurz wird. Das macht aber nichts, Sie können ja Platten vom anderen Ende wieder hinten anstecken.

Wenn Sie anstelle der zweiten Uferseite einfach noch mehr blaue »Wasserstreifen« platzieren und diese hin und her bewegen, können Sie aus dem Bach ganz einfach einen See oder ein Meer machen.

Idee

Verwenden Sie diesen Wassereffekt, um eine Szene interessanter zu gestalten. Die Bewegung ist nicht schwer zu animieren, lässt die Szene aber gleich viel lebendiger wirken. Lassen Sie Ihre Figur den Strand entlang joggen oder einen Fluss über eine Brücke überqueren.

8.6 Vertigo-Effekt

Der Vertigo-Effekt ist eigentlich kein wirklicher Spezialeffekt, sondern vielmehr eine besonders raffinierte Kamerabewegung. Benannt wurde er nach dem ersten Film in dem er eingesetzt wurde: Alfred Hitchcocks »Vertigo – Aus dem Reich der Toten«.

Der Effekt macht sich eine optische Täuschung zunutze um den Eindruck zu erwecken, Objekte würden sich verkürzen oder verlängern. Er wird in vielen Filmen eingesetzt, um einen besonders dramatischen Moment, innere Aufgewühltheit oder Verwirrung darzustellen. Wie das genau aussieht ist schwer zu erklären, darum habe ich einen kurzen Beispielfilm für Sie erstellt: *http://youtu.be/lJ8JYgpXu5o*

Entstanden ist diese Illusion durch eine clevere Kombination aus Kamerafahrt und Zoom. In Fachkreisen nennt man das »Dolly In, Zoom Out« sowie das Gegenstück in der zweiten Hälfte »Dolly Out, Zoom In«. Das bedeutet also, dass sich die Kamera näher zum Objekt bewegt, gleichzeitig aber der Zoom so verändert wird, dass sich die Größe der Figur nicht verändert.

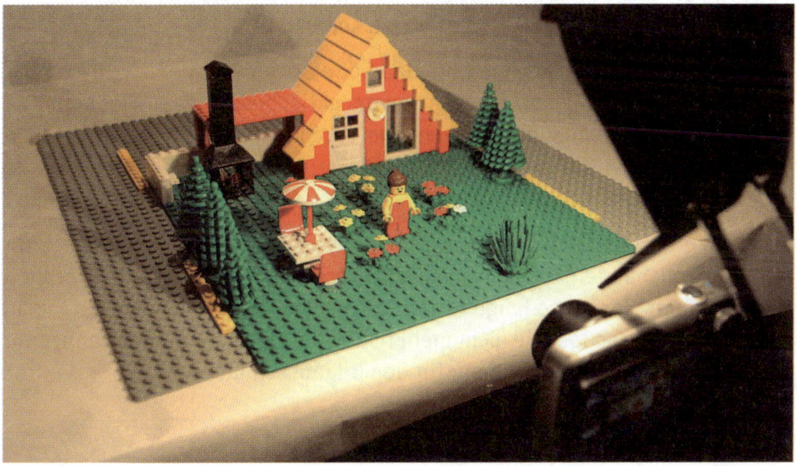

Abbildung 8.27: Set für eine Vertigo-Szene

Da die Kamerabewegung die Perspektive verändert, durch den Zoom der Bildausschnitt aber der gleiche bleibt, entsteht die Illusion, der Hintergrund würde sich in die Länge strecken. Bei der entgegengesetzten Richtung entfernt sich die Kamera vom Objekt, während die Bewegung durch Hineinzoomen ausgeglichen wird.

Wenn ich bei Stop-Motion-Filmen von Kamerabewegungen spreche dann meine ich, wie auch schon in Abschnitt 7.5, eigentlich Setbewegungen. Bauen Sie für diesen Effekt also das Set auf eine separate Platte, die Sie dann mit langen LEGO-Teilen auf der Grundplatte so fixieren, dass Sie sie nach vorne und hinten bewegen können.

Als nächstes müssen Sie sich um die Beleuchtung kümmern. Da Sie das Set während des Drehs bewegen werden, darf das Licht nur von oben, hinten oder vorne kommen, da sich sonst die Schatten verändern würden.

Auch die Kamera muss richtig aufgestellt werden. Achten Sie darauf, dass die Figur genau in der Mitte des Bildes platziert ist. Damit der Effekt besonders spektakulär wirkt, sollte sich die Kamera außerdem auf Augenhöhe zur Figur befinden und nicht nach oben oder unten geschwenkt sein.

Wenn die Vorbereitungen abgeschlossen sind, können Sie mit dem Dreh beginnen. Zoomen Sie für das erste Bild die Figur möglichst nahe heran, und bewegen Sie das Set so weit nach hinten, bis die Figur von Kopf bis Fuß (plus ein bisschen Rand) auf dem Bildschirm zu sehen ist.

Nach dem ersten Foto bewegen Sie das Set nun eine Noppe in Richtung der Kamera. Verändern Sie den Zoom ganz vorsichtig, bis die Figur wieder in derselben Größe auf dem Bildschirm zu sehen ist. Hier kann es sehr hilfreich sein, im Hauptmenü der Kamera das Gitternetz einzublenden, da Sie so die Größe besser einschätzen können.

Achten Sie vor dem Foto darauf, dass die Kamera wieder richtig auf die Figur fokussiert oder ändern Sie den Fokus entsprechend manuell. Auf diese Art und Weise können Sie nun so lange fortfahren, bis die Figur entweder so nahe an der Kameralinse ist dass sie nicht mehr richtig darauf scharf stellen kann, oder bis die Größe des Sets nicht mehr für den Bildausschnitt reicht.

Idee

Setzen Sie diesen Effekt in einem Filmprojekt ein, um einen besonders dramatischen Moment zu verdeutlichen, beispielsweise wenn jemand Zeuge eines Verbrechens wird, eine überraschende Nachricht erhält oder die Figur große Angst vor etwas hat.

8.7 Pistolenschuss

Wenn Bösewichte in Filmen ihre Pistolen abfeuern, sieht das immer ziemlich cool aus. Aber wie kann man so etwas in einem Stop-Motion-Projekt umsetzen? Um einen Schuss im Film glaubhaft darzustellen, müssen drei Dinge zusammenspielen: der Ton, das Mündungsfeuer und der Rückstoß.

Pistolenkugeln sind so schnell, dass man sie nicht wirklich sieht, sie müssen also normalerweise nicht dargestellt werden. Viel wichtiger ist deshalb, dass die Zuseher den Schuss hören können. Im Internet findet man viele solcher Soundeffekte. Wenn Sie bei YouTube angemeldet sind, finden Sie dort eine umfangreiche Sound-Bibliothek. Diese Musikstücke und Toneffekte dürfen Sie für Ihre Videos kostenlos verwenden. Unter der Kategorie »Waffen« gibt es eine Vielzahl von Audioclips, die für diesen Zweck perfekt geeignet sind.

Das Mündungsfeuer (im Englischen »Muzzle Flash«) ist ein kurzer Lichtblitz, der an der Mündung der Pistole erscheint, wenn sie abgefeuert wird. Er entsteht durch die Explosion, die die Kugel aus dem Lauf schleudert.

In Realfilmen werden Platzpatronen verwendet, die diese Explosion erzeugen; hier gibt es aber eben keine Kugel. Aber keine Angst, für Ihren Stop-Motion-Film müssen Sie nicht zum Sprengmeister werden. Das Mündungsfeuer kann ganz einfach dargestellt werden, indem Sie für einen Frame ein rotes oder gelbes LEGO-Teilchen an den Lauf der Pistole stecken. Passen Sie beim Anstecken auf, dass die Position der Figur und der Pistole nicht verändert wird!

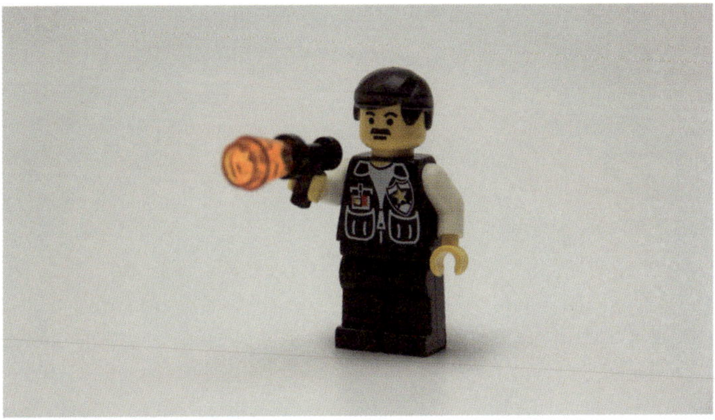

Abbildung 8.28: Ein durchsichtiges LEGO-Teilchen simuliert das Mündungsfeuer

Nach dem Mündungsfeuer folgt der Rückstoß. Die Kugel wird mit gewaltiger Energie abgefeuert und der Schütze kann die Waffe nicht mehr ruhig halten – der Arm bewegt sich nach oben und der Oberkörper etwas nach hinten. Die Stärke des Rückstoßes hängt von der Art der Waffe ab. Sehen Sie sich am besten Referenzvideos auf YouTube an, um das Timing und die Bewegung so realistisch wie möglich hinzubekommen.

Damit dieser Ablauf nun auch glaubhaft wirkt, ist das Timing äußerst wichtig. In der Nachbearbeitung müssen Mündungsfeuer und Knall aufeinander abgestimmt werden. Normalerweise passieren diese zwei Effekte gleichzeitig, auf keinen Fall darf der Knall vor dem Abfeuern zu hören sein. Ist der Schütze sehr weit von der Kamera entfernt, kann es sein, dass der Knall erst kurz nach dem Mündungsfeuer zu hören ist, da sich Schall langsamer ausbreitet als Licht. Verändern Sie den Zeitpunkt des Soundeffektes so lange, bis es sich für Sie natürlich anhört.

9 Bilder zusammenfügen

Anders als bei einem herkömmlichen Film haben Sie nach dem Dreh nicht ein paar Filme auf dem Computer gespeichert, sondern hunderte oder sogar tausende einzelne Fotos. In diesem Kapitel werde ich erklären, wie Sie aus diesen Fotos einen zusammenhängenden Film erstellen können.

Im Prinzip ist dieser Arbeitsschritt ganz einfach: Sie öffnen die Bilder in einem der nachfolgend beschriebenen Programme, legen die Framerate, also die Anzahl der Bilder, die pro Sekunde wiedergegeben werden fest, und das Programm liefert Ihnen dann eine durchgehende Filmsequenz, die Sie dann später wie einen normalen Film schneiden und weiter bearbeiten können.

Hinweis
Falls Sie den Film mit einer Smartphone-App gedreht haben, können sie dieses Kapitel überspringen, da die App bereits ein fertiges Video anstelle von Fotos liefert.

Der genaue Ablauf dieses Arbeitsschrittes unterscheidet sich je nach verwendetem Betriebssystem und Programm. Ich werde hier die Vorgehensweise für zwei vorinstallierte Programme (iMovie für macOS und Microsoft Fotos für Windows) sowie einem speziellen Programm für Stop Motion erklären. Während Sie bei ersterer Variante keine Programme von Drittherstellern herunterladen müssen, ist das Erstellen eines Films meist mit speziell dafür gemachten Programmen einfacher. Sie können jene Methode wählen, die Ihnen am besten gefällt.

9.1 Microsoft Fotos

Die »Fotos« App ist unter Windows 10 vorinstalliert und bietet – auch wenn es der Name nicht vermuten lässt – auch einen integrierten Videoeditor. In Windows 11 wurde diese Videofunktion leider entfernt. Mit einem kleinen Trick können Sie aber auch auf dem neuesten Windows darauf zugreifen: Suchen Sie im Microsoft Store nach »Microsoft Fotos-Legacy« und installieren Sie kostenlos die alte Version der »Fotos«-App inklusive Videofunktion! Öffnen Sie die App und klicken Sie in der oberen Menüleiste auf den Eintrag »Video-Editor«. Starten Sie anschließend mit der großen »Neues Videoprojekt«-Schaltfläche ein neues, leeres Projekt und vergeben Sie einen Namen, etwa »Mein Stop Motion Film - Szene 1«. Sie befinden sich nun in einer Benutzeroberfläche, die nicht unähnlich zum früheren Windows Movie Maker ist. Rechts befindet sich ein Vorschaufenster, in dem Sie den Film später sehen können. Unten befindet sich eine Zeitleiste (hier »Storyboard« genannt), und links oben befindet sich die Projektbibliothek.

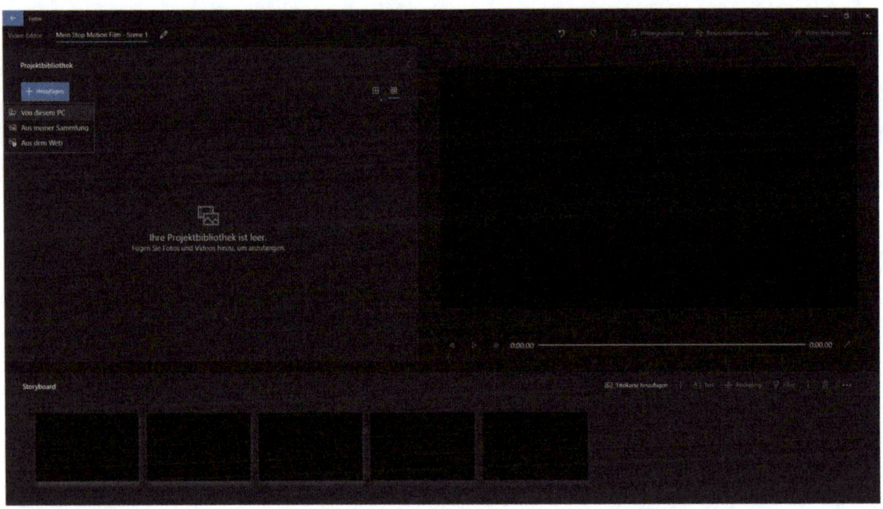

Abbildung 9.1: Ein leeres Videoprojekt in Microsoft Fotos

All diese Elemente sind vorerst noch leer, deswegen importieren Sie mit der blauen »Hinzufügen«-Schaltfläche in der Projektbibliothek Ihre Fotos. Wählen Sie »Von diesem PC« und anschließend den Speicherort der aufgenommenen Fotos.

Nachdem der Importvorgang abgeschlossen ist, sehen Sie die Vorschau der Bilder in der Projektbibliothek. Um daraus einen Film zu machen, müssen die Bilder in der Zeitleiste darunter, dem sogenannten Storyboard, platziert werden. Das können Sie entweder per Drag & Drop, oder mit dem »Im Storyboard platzieren«-Button in der Projektbibliothek erledigen.

Wenn Sie nun die Leertaste drücken, dann sehen Sie im Vorschaufenster Ihren Film ablaufen – allerdings noch sehr, sehr langsam. Die Bilder werden nämlich standardmäßig mit einer Dauer von drei Sekunden pro Bild hinzugefügt, was für einen Stop-Motion-Film natürlich viel zu langsam ist.

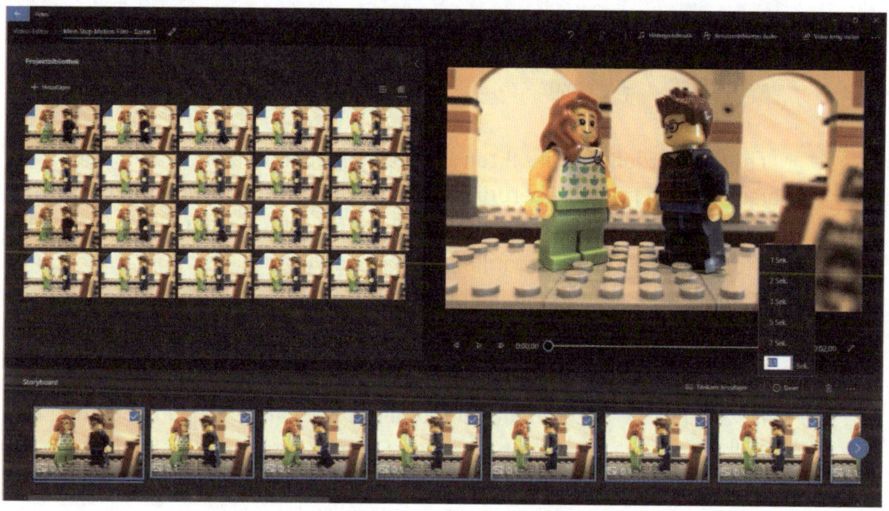

Abbildung 9.2: Die Dauer der Bilder anpassen

Um die Dauer anzupassen, wählen Sie zuerst alle Bilder im Storyboard aus. Klicken Sie dazu auf das erste Bild und drücken Sie anschließend die Tastenkombination [Strg]+[A]. Nun, da alle Bilder blau markiert sind, können Sie im

»Dauer«-Menü die Geschwindigkeit Ihres Filmes anpassen. Beachten Sie, dass Sie hier die Dauer und nicht die Framerate einstellen, also nicht die Anzahl der Bilder pro Sekunde sondern die Sekunden pro Bild. Sie können zwischen diesen zwei Werten umrechnen, indem Sie den Kehrwert nehmen, also 1 durch den Wert dividieren.

Um das für Sie einfacher zu machen, habe ich einige wichtige Werte hier in dieser Tabelle aufgeschrieben. Microsoft Fotos erlaubt bei der Dauer leider nur Werte mit bis zu zwei Nachkommastellen, darum sind hier einige Werte gerundet.

Framerate (fps)	Dauer (Sekunden)
5	0,2
10	0,1
12	0,08
15	0,07
25	0,04

Nachdem Sie den gewünschten Wert eingegeben haben, können Sie in der Vorschau das Ergebnis überprüfen und die Dauer gegebenenfalls noch anpassen. Sie können natürlich auch in der Zeitleiste nur einzelne Bilder auswählen und die Dauer bei ausgewählten Bildern verlängern, wenn die Handlung in manchen Passagen zu schnell abläuft.

Wenn Sie mit allen Einstellungen zufrieden sind, können Sie die Szene als Video exportieren. Klicken Sie dazu in der Menüleiste auf »Video fertig stellen«. Wählen Sie bei »Videoqualität« die Option »Hoch 1080p«, um den Film in Full-HD zu exportieren und wählen Sie anschließend den Speicherort, an dem die zusammengefügte Szene gespeichert werden soll. Das Programm erstellt nun aus den einzelnen Fotos eine Filmsequenz. Abhängig von der Anzahl der Fotos kann dies einige Zeit dauern.

Ist das Programm mit der Ausgabe fertig, können Sie denselben Vorgang für jede Szene wiederholen.

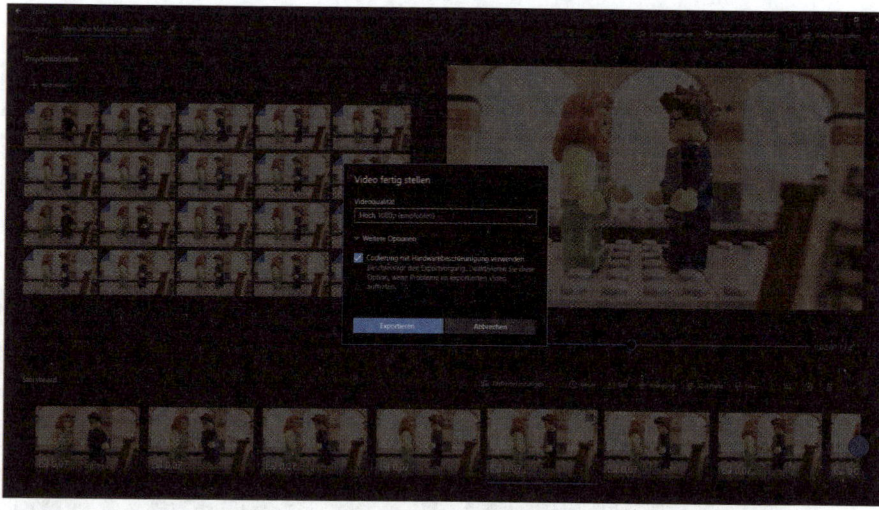

Abbildung 9.3: Der Exportbildschirm von Microsoft Fotos

9.2 Apple iMovie

iMovie ist die Filmbearbeitungssoftware von Apple, die kostenlos für jeden Mac verfügbar ist. Das Programm ist nicht für Windows PCs verfügbar. Um iMovie zu starten, suchen Sie im Programme-Ordner nach dem sternförmigen Symbol. Wenn iMovie noch nicht installiert ist, können Sie es im Mac App Store kostenlos herunterladen.

Wenn Sie iMovie das erste Mal öffnen, ist die Projektmediathek noch leer. Um Ihr erstes Projekt zu beginnen, klicken Sie auf »Neuer Film« oder, falls Sie bereits Projekte angelegt haben, auf das Plus-Symbol in der oberen Menüleiste und dann auf »Film«. Es öffnet sich ein Fenster mit einigen vorgefertigten Themen. Wählen Sie »Kein Thema«. Als nächstes präsentiert Ihnen iMovie ein Dialogfeld, in dem Sie das Projekt benennen können. Benennen Sie das Projekt beispielsweise mit »Filmtitel – Szene X«, um den Überblick zu bewahren. iMovie erstellt automatisch ein neues Ereignis mit diesem Namen. Klicken Sie »Ok«.

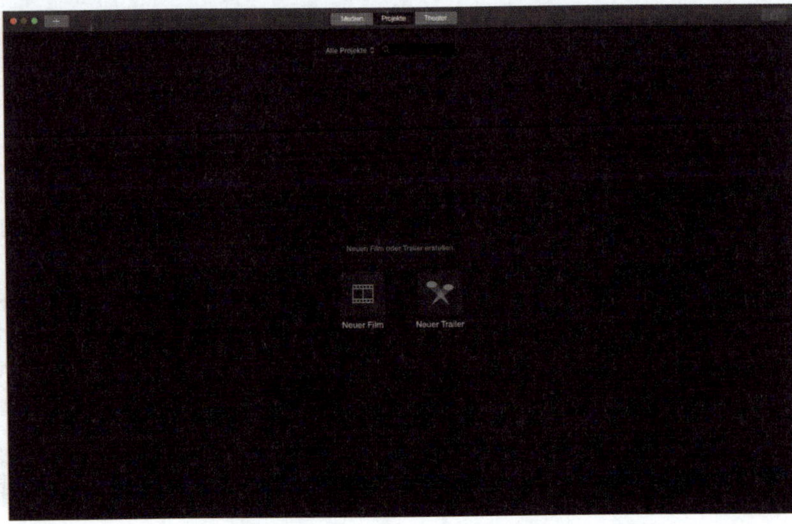

Abbildung 9.4: Startbildschirm von iMovie

Sobald Sie das neue Projekt erstellt haben verändert sich die Benutzeroberfläche. Links oben befindet sich nun die Ereignismediathek, rechts oben das Vorschaufenster und unten die Zeitleiste. Suchen Sie nun im Finder den Ordner, in dem Sie die Bilder der ersten Szene gespeichert haben, und wählen Sie alle darin enthaltenen Fotos aus (Tastenkombination ⌘+A). Ziehen Sie die ausgewählten Fotos per Drag&Drop in die Zeitleiste. iMovie importiert nun im Hintergrund die Bilder in das neu erstellte Ereignis, Sie können in der Zwischenzeit aber ganz normal weiter arbeiten.

Markieren Sie alle Fotos in der Zeitleiste mit der Tastenkombination ⌘+A. Achten Sie während der folgenden Schritte darauf, dass immer alle Fotos markiert, also gelb umrandet sind.

Da iMovie bei importierten Fotos automatisch einen sogenannten Ken-Burns-Effekt (abwechselnder Zoom hinein und heraus) hinzufügt, müssen Sie diesen zuerst entfernen. Klicken Sie auf das »Crop«-Symbol oberhalb des Vorschaufensters (rot markiert). Anstelle von »Ken Burns« wählen Sie nun die Option »Anpassen« oder die Option »Beschneiden«, wenn Sie einen speziellen Bildausschnitt auswählen wollen.

Bestätigen Sie die Änderungen und schließen Sie das Menü, indem Sie erneut auf das »Crop«-Symbol klicken.

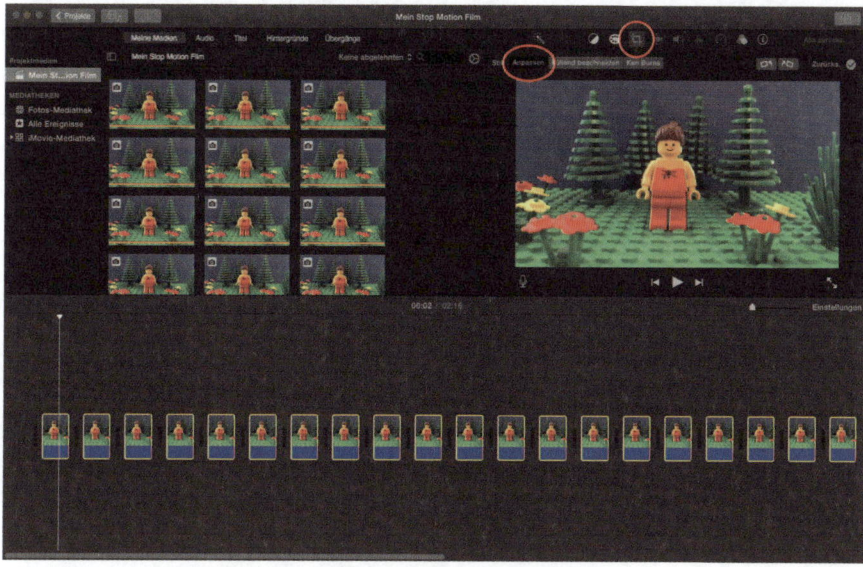

Abbildung 9.5: Den Ken-Burns-Effekt entfernen

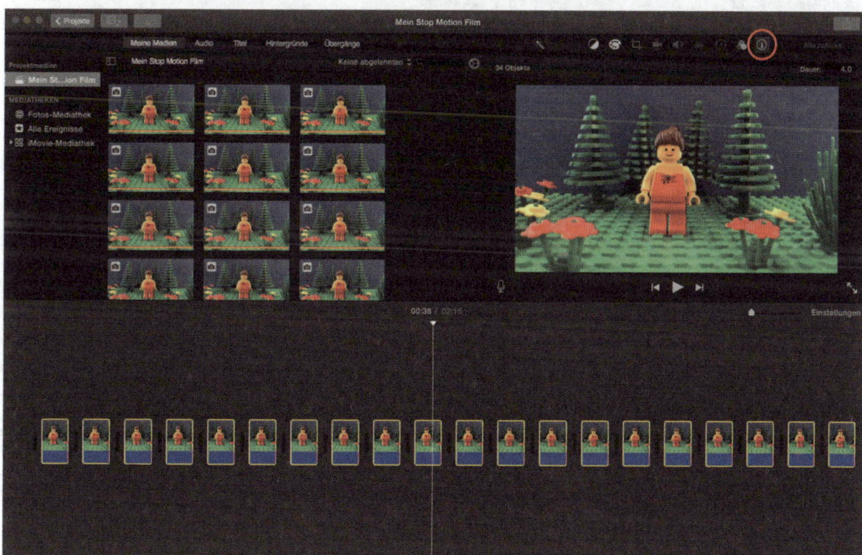

Abbildung 9.6: Das »Informationen«-Menü

Als nächstes gilt es noch, die Dauer der Einzelbilder anzupassen, da die standardmäßig von iMovie zugewiesenen vier Sekunden pro Bild viel zu langsam für einen Stop-Motion-Film sind.

Um die Dauer zu ändern, klicken Sie auf das »i«-Symbol (hier mit einem roten Kreis markiert). Es erscheint ein neues Menü im Vorschaufenster. Ändern Sie den Wert der Dauer auf 0,1 Sekunden pro Bild (also 10 fps), was der kleinste von iMovie zugelassene Wert ist. Wenn Sie für Ihren Film eine höhere Framerate verwenden wollen, können Sie das später beim Schnitt noch ändern, indem Sie den Film beschleunigen. In Abschnitt 10.2 wird das noch genauer erklärt.

Um eine Vorschau Ihres Werkes zu sehen, fahren Sie mit dem Mauszeiger über das erste Bild in der Zeitleiste und drücken Sie die Leertaste. Der Film läuft nun im Vorschaufenster ab.

Wenn Sie mit dem Ergebnis zufrieden sind, müssen Sie die Sequenz nur noch exportieren. Klicken Sie dazu in der Menüleiste rechts oben auf das »Bereitstellen«-Symbol und dann auf »Datei exportieren«.

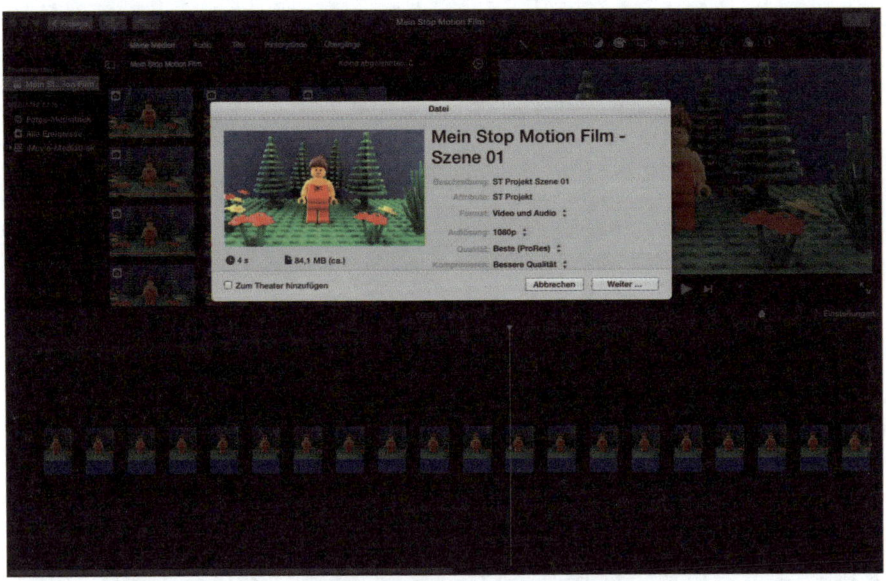

Abbildung 9.7: Das Exportfenster

Benennen Sie den Film mit Filmtitel und Name oder Nummer der Szene. Für die höchstmögliche Qualität wählen Sie als Größe »Full HD (1080p)« oder, wenn verfügbar, »4K« aus. Da Sie den Film später zum Schneiden erneut importieren werden, ist es wichtig, hier in hoher Qualität zu exportieren. Wählen Sie daher bei »Qualität« den ProRes Codec und bei »Komprimieren« »Bessere Qualität«.

Klicken Sie auf »Weiter ...« und wählen Sie als Speicherort jenen Ordner aus, den Sie für dieses Projekt erstellt haben. iMovie berechnet nun aus den Bildern eine Filmsequenz. Abhängig von der Anzahl der Bilder kann das einige Zeit dauern. Den Fortschritt sehen Sie an dem weißen Kreis in der rechten oberen Ecke des Programms.

Wiederholen Sie diese Schritte für jede Szene, bis Sie alle Bilder in Filmsequenzen verwandelt haben.

9.3 Stop Motion Studio

»Stop Motion Studio« ist eine App, die Sie über den Microsoft Store für Windows oder den Mac App Store für macOS herunterladen können. Es gibt eine kostenlose Version und eine kostenpflichtige »Stop Motion Studio Pro«-Version. In der kostenlosen Version können Sie alle Funktionen ausprobieren - um den Film exportieren zu können, müssen Sie allerdings die Pro-Version kaufen.

Der große Vorteil von »Stop Motion Studio« gegenüber normalen Schnittprogrammen wie iMovie ist, dass die Software speziell für einen Stop-Motion-Dreh entwickelt wurde und spezielle Funktionen dafür bietet. Sie können hier nicht nur aufgenommene Bilder zu einem Film zusammenfügen, Sie können Bilder auch direkt in dem Programm aufnehmen.

Die Benutzeroberfläche ist im Grunde sehr ähnlich wie in der mobilen Variante. Der Vorteil ist, dass Sie durch die Arbeit am Computer einen größeren Bildschirm zu Verfügung haben. Als Aufnahmegerät können Sie entweder die integrierte Kamera Ihres Laptops verwenden (was natürlich etwas unpraktisch ist), oder Sie verbinden eine externe Kamera. Das kann entweder eine Webcam sein, ein Smartphone mit der »Remote Kamera«-App oder eine unterstützte DSLR-Kamera, die via USB oder WLAN mit dem Computer verbunden ist. Eine aktuelle Liste an unterstützten Geräten inklusive Erklärung, wie sie verbunden werden, finden Sie auf der Webseite des Herstellers (*www.cateater.com*).

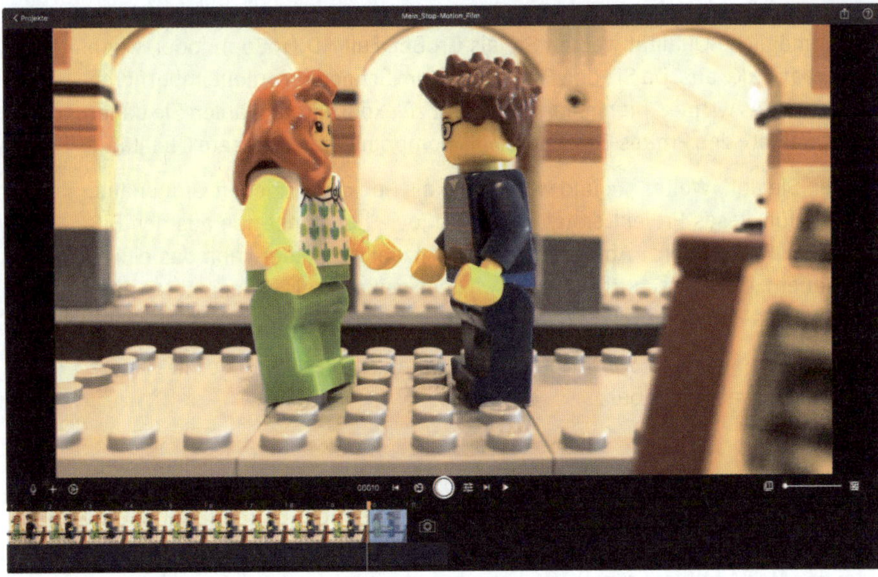

Abbildung 9.8: Die Benutzeroberfläche von Stop Motion Studio auf macOS

Wenn Sie ein neues Projekt gestartet haben, dann sollten Sie zuerst einmal die Projekteinstellungen überprüfen. Diese Einstellungen steuern nämlich, wie Bilder aufgenommen und verarbeitet werden. Klicken Sie dazu auf das Zahnradsymbol links unter dem Vorschaufenster. Sie finden hier eine Reihe von Einstellmöglichkeiten, die wichtigsten möchte ich Ihnen hier erläutern:

- Tempo: Hier stellen Sie die Anzahl der Bilder ein, die pro Sekunde wiedergegeben werden. Mehr Informationen dazu finden Sie in Kapitel 4.7 Framerate.
- Seitenverhältnis: Auch das sollten Sie sich vor Drehbeginn überlegen und einstellen. Standardmäßig ist ein Seitenverhältnis von 16:9 ausgewählt, was dem Standardformat für Video entspricht. Mehr Informationen dazu finden Sie in Kapitel 4.5 Bildformate.
- Qualität: Hier legen Sie die Auflösung fest, in der Bilder aufgenommen und der Film zum Schluss exportiert wird. Die Einstellungen HD und HQ entsprechen der Full-HD Auflösung von 1920x1080 Pixel, wobei HQ noch bes-

sere Qualität (aber auch größere Dateien) liefert. Für beste Qualität sollten Sie also HQ oder 4K wählen, wenn Ihre Kamera 4K unterstützt.

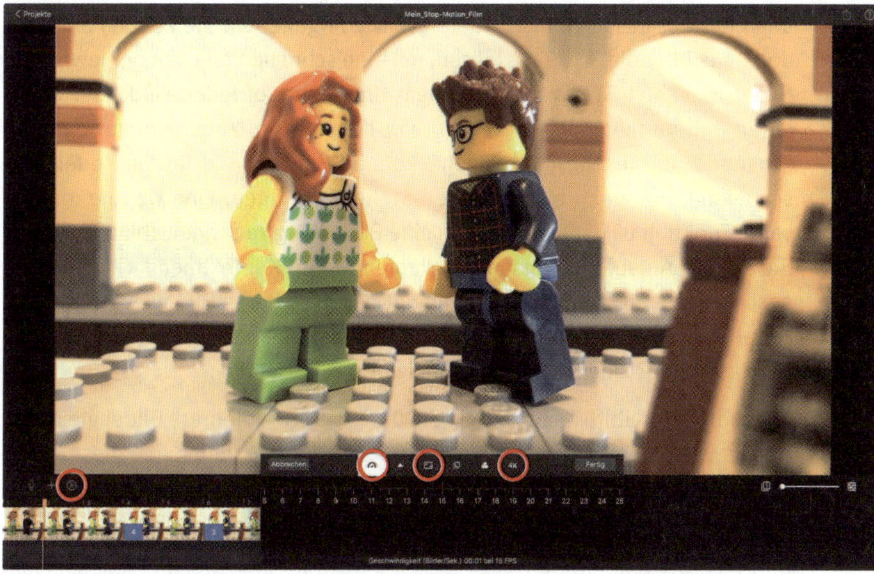

Abbildung 9.9: Das Einstellungsfenster mit Optionen für Tempo, Seitenverhältnis und Qualität

Da nun alles eingestellt ist, können Sie anfangen, Bilder hinzuzufügen. Falls Sie die Bilder bereits zuvor mit einer anderen Kamera aufgenommen haben, klicken Sie dazu auf das Plus-Symbol unterhalb des Vorschaufensters und wählen Sie »Bilder hinzufügen«. Wenn die ausgewählten Bilder nicht dem vorher gewählten Seitenverhältnis entsprechen, können Sie nun noch auswählen, ob die Bilder skaliert oder mit schwarzem Balken importiert werden sollen. Hier sollten Sie in den allermeisten Fällen die Option zum Skalieren wählen, damit der Film möglichst den ganzen Bildschirm einnimmt.

Wenn Sie eine Webcam oder andere Kamera mit Ihrem Computer verbunden haben, dann können Sie Bilder auch direkt mit »Stop Motion Studio« aufnehmen. Die Vorgehensweise dafür ist sehr ähnlich wie bei Stop Motion Studio für iOS (siehe Abschnitt 7.2).

Sobald Sie anfangen, Bilder zum Projekt hinzuzufügen, erscheinen diese in der unteren Zeitleiste. Um Ihr Werk zwischendurch als Vorschau betrachten zu können, tippen Sie einfach die Leertaste. Die hinzugefügten Bilder werden dann mit der ausgewählten Framerate wiedergegeben. Sie können auch mit der Maus über die Zeitleiste fahren, um eine schnelle Vorschau der jeweiligen Bilder zu sehen. Wenn Sie mit einem Bild nicht zufrieden sind oder etwas daran ändern möchten, klicken Sie mit der rechten Maustaste auf das Vorschaubild. In diesem Kontextmenü können Sie das Bild löschen oder ausschneiden, um es an einer anderen Stelle einzufügen. Eine weitere interessante Funktion ist die Pause. Wenn eine Bewegung zu schnell abläuft, können Sie so den Ablauf verlangsamen. Wählen Sie im Kontextmenü »Pause« und anschließend eine Zahl. Diese Zahl gibt an, wie oft das Bild wiederholt wird. Bei einer Framerate von 15 FPS müssen Sie also beispielsweise 15 auswählen, um das Bild für eine Sekunde anzuzeigen.

Mit gedrückter Shift-Taste können Sie übrigens auch mehrere Bilder gleichzeitig auswählen und anschließend in das Kontextmenü gehen, um diese Aktionen auf mehr Bilder anzuwenden.

Sie können in »Stop Motion Studio« auch einige weiterführende Bearbeitungsschritte durchführen, wie etwa eine Tonspur oder Titel und Abspann hinzufügen. Je nachdem wie ausführlich Sie diese Nachbearbeitungen angehen wollen, können Sie das allerdings auch in einem anderen Programm fortsetzen. Mehr Informationen zu den erweiterten Funktionen von »Stop Motion Studio« finden Sie in Abschnitt 10.3.

Wenn Sie mit dem Ergebnis zufrieden sind, können Sie die Szene als Videodatei exportieren. Wechseln Sie dafür mit dem Pfeil ganz links oben zurück in die Projektansicht. Wählen Sie hier Ihr soeben erstelltes Projekt aus und klicken Sie in der Menüleiste auf das Teilen-Symbol. Hier haben Sie die Auswahl, das Projekt als Film, GIF-Bild, Einzelbilder oder als Projekt zu exportieren. Um die Szene in einem Schnittprogramm weiter zu bearbeiten oder um den fertigen Film zu teilen, wählen Sie hier »Film«. Überprüfen Sie die Einstellungen – Seitenverhältnis und Auflösung sollten mit den Projekteinstellungen übereinstimmen. Nach einem Klick auf »Speichern« wird das Projekt gerendert und als Videodatei am gewählten Ort auf Ihrer Festplatte gespeichert.

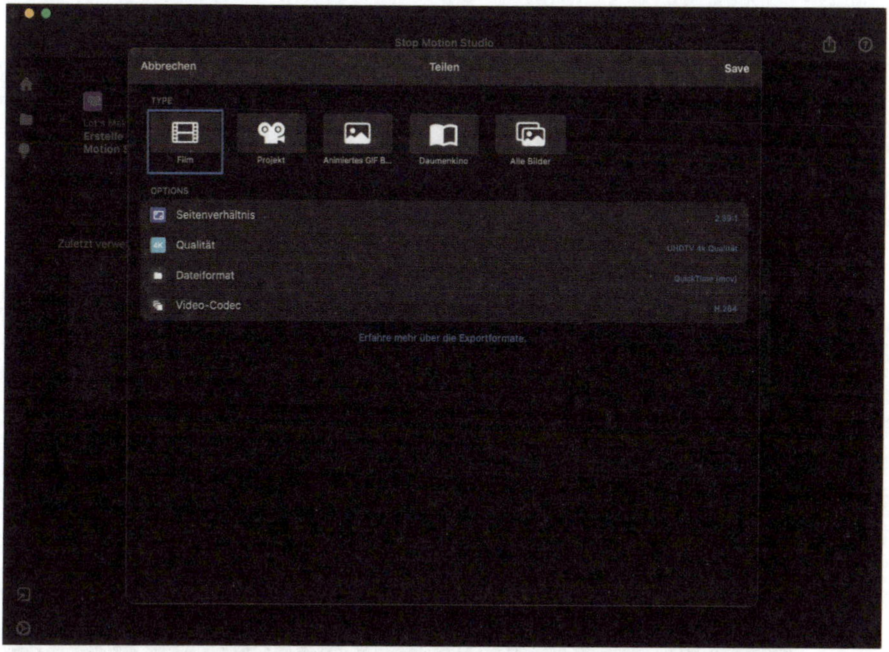

Abbildung 9.10: Den Film aus Stop Motion Studio exportieren

9.4 Professionelle Software

Wie ich schon zuvor erwähnt habe, gibt es auch eine ganz andere Methode, Stop-Motion-Filme zu drehen. Filmstudios und Stop-Motion-Profis verwenden für Ihre Projekte spezielle Programme, die mit einem Klick Bilder schießen, importieren und zusammenfügen. Die Kamera (unterstützt werden diverse Spiegelreflexkameras von Canon, Nikon und einigen anderen Herstellern) wird in diesem Fall per USB mit dem Computer verbunden. Alle Einstellungsmöglichkeiten, der Auslöser sowie eine Livebild-Vorschau werden dann am Computerbildschirm angezeigt, geschossene Bilder werden automatisch importiert und in die Zeitleiste eingefügt.

Das wohl bekannteste Beispiel für so ein Programm ist Dragonframe von DZED Systems.

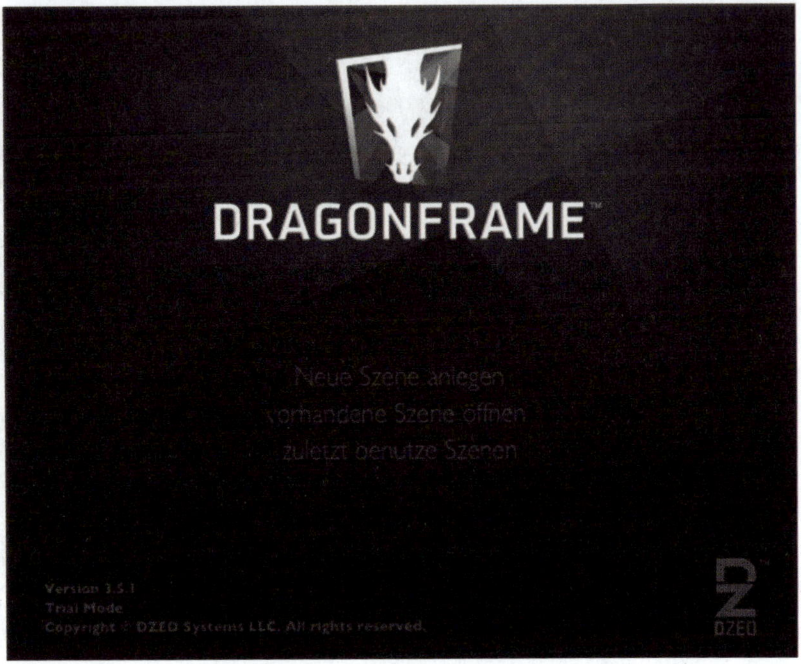

Abbildung 9.11: Die Profisoftware Dragonframe

Dragonframe wird von vielen renommierten Filmstudios verwendet und wurde unter anderem bei der Produktion der eingangs erwähnten Kinofilme »ParaNorman« und »Caroline« eingesetzt.

Mit 295 $ ist dieses Programm kein Schnäppchen, hat dafür aber auch einiges zu bieten. Im Preis inkludiert ist ein Minikeyboard, mit dem Sie alle wichtigen Funktionen immer bei der Hand haben. Glücklicherweise bieten die Hersteller auf der Webseite eine gratis Testversion an, mit der Sie das Programm 30 Tage lang ausprobieren können (Projekte sind in der Testversion auf 50 Bilder beschränkt).

https://www.dragonframe.com/downloads/

Dragonframe ist sowohl für Mac also auch für Windows verfügbar. Beachten Sie, dass Sie für die Nutzung des Programms eine unterstützte Kamera (fast alle DSLRs, einige Kompaktkameras) und ein Verbindungskabel benötigen.

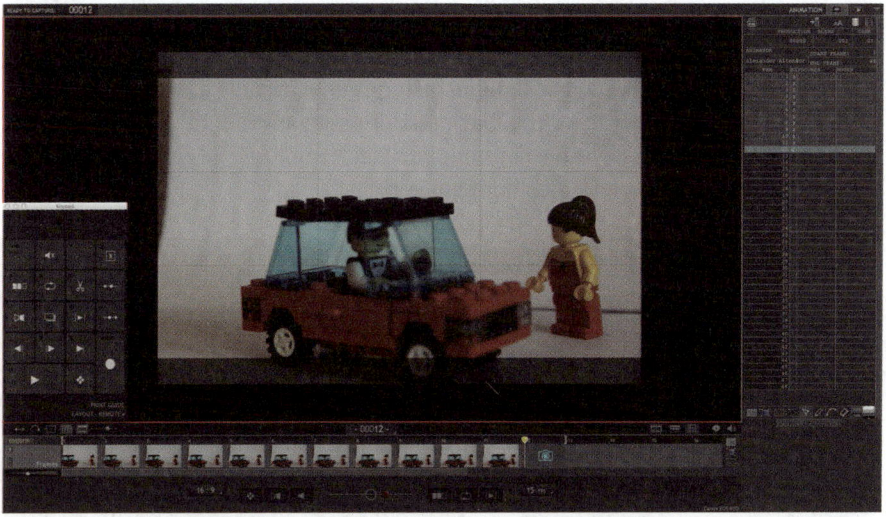

Abbildung 9.12: Die Benutzeroberfläche von Dragonframe

Die Benutzeroberfläche ist denkbar einfach gestaltet und bietet alle möglichen Einstellungsmöglichkeiten. Sie können Seitenverhältnis und Framerate, sowie Einstellungen der Kamera wie Fokus, Blende, ISO und Belichtungszeit direkt im Programm ändern.

Im Vorschaufenster können Sie zwischen den vorigen Aufnahmen und der aktuellen Livebild-Vorschau hin- und herspringen und genau kontrollieren, ob das Set und alle Einstellungen in Ordnung sind, danach betätigen Sie mit [↵] den Auslöser. Das Bild wird automatisch im Projektordner am Computer gespeichert und in der Zeitleiste des Programms angezeigt.

Dragonframe bietet Funktionen für alle Anwendungsbereiche. Die einzelnen Frames können neu angeordnet, gelöscht oder in externen Programmen bearbeitet werden. Zeichenwerkzeuge erlauben es Ihnen im Vorschaufenster Pfade für Ihre Figuren zu zeichnen und Markierungen zu setzen. So wissen Sie immer, wie weit Sie die Figur nach einem Bild bewegen müssen. Außerdem können Sie im Vorschaufenster Raster für die Positionierung nach der Drittelregel oder dem goldenen Schnitt anzeigen lassen und das jeweils vorige Bild transparent einblenden (Onion Skin). Lip-Sync erlaubt es Ihnen, die Mundbewegungen der Akteure einer Audiospur anzupassen, damit Dialoge noch realistischer wirken.

Falls Sie einmal wirkliche Profiausrüstung zur Verfügung haben, entfaltet Dragonframe sein volles Potential mit Unterstützung für 3D Kamerasysteme, Lichtsteuerung sowie die Kontrolle von Elektromotoren für computergestützte Kamerafahrten und Objektbewegungen.

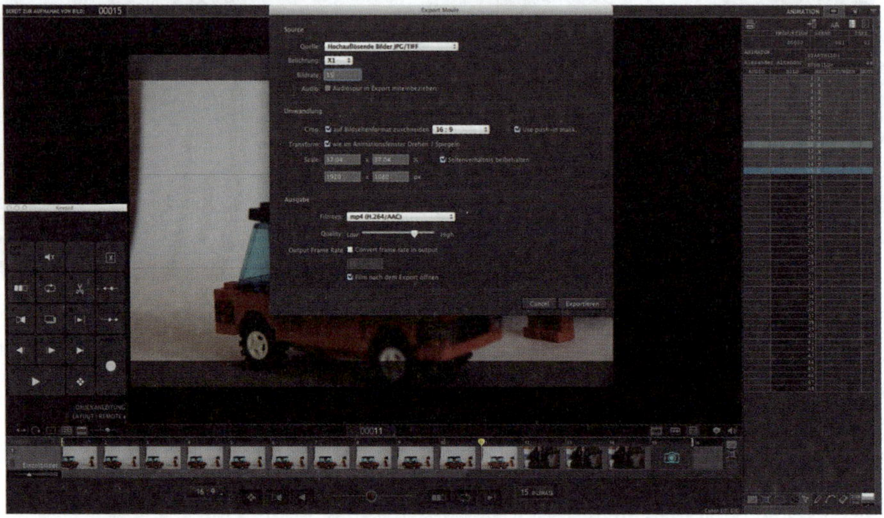

Abbildung 9.13: Das Exportfenster

Wenn Sie mit dem Dreh Ihrer Stop-Motion-Szene fertig sind, können Sie die Sequenz ganz einfach als .mp4- oder als .avi-Filmdatei exportieren. Dragonframe bietet hier viele Einstellungsmöglichkeiten wie Framerate, Auflösung, Seitenverhältnis und Qualität.

Falls Sie Ihre Stop-Motion-Filme auf das nächste Level bringen möchten und bereit sind, etwas Geld für etwas auszugeben, das vermutlich zu diesem Zeitpunkt schon mehr als ein Hobby ist, dann ist Dragonframe genau das, was Sie suchen. Sollte das nicht der Fall sein, können Sie mit der traditionellen »Fotografieren-Importieren-Zusammenfügen-Methode«, wie sie hier im Buch beschrieben wird, genauso tolle Filme machen.

10 Nachbearbeitung

In den vorigen Kapiteln haben Sie unzählige Bilder gemacht und anschließend zu Filmsequenzen zusammengefügt. Da Sie nun nicht mehr mit Bildern, sondern mit Videodateien arbeiten, unterscheiden sich die letzten Schritte eigentlich nicht mehr von einem normalen Filmprojekt.

In diesem Kapitel fügen Sie die letzten Puzzleteile wie die einzelnen Szenen, Titel, Abspann, Hintergrundmusik und andere Tonspuren zusammen und vollenden damit Ihr Stop-Motion-Meisterwerk. Ich werde hier die Vorgangsweise für Microsoft Fotos und Apple iMovie erklären, prinzipiell funktioniert das aber in jedem beliebigen Videoschnittprogramm.

10.1 Microsoft Fotos

Wenn Sie auf einem Windows PC arbeiten, können Sie Ihr Stop-Motion-Projekt ganz einfach mit der integrierten Fotos App von Microsoft fertig stellen.

Schnitt

Öffnen Sie die »Fotos«-App und legen Sie, wie schon zuvor, ein neues Videoprojekt an. Klicken Sie dazu in der Menüleiste auf »Video-Editor« und anschließend auf »Neues Videoprojekt«. Geben Sie dem Projekt einen Namen: das kann in diesem Fall der Filmtitel sein, da dies das finale Projekt ist, aus dem am Ende der fertige Film exportiert wird.

Beginnen Sie, indem Sie alle zuvor erstellten Filmsequenzen zu dem Projekt hinzufügen. Sie können entweder die Dateien direkt aus dem Explorer in die Projektbibliothek ziehen, oder sie über den »Hinzufügen«-Button auswählen. Die Sequenzen erscheinen nun der Reihe nach als kleine Kästchen mit einem Vorschaubild in der Projektbibliothek.

Jetzt kann es mit dem Zusammenfügen der einzelnen Szenen beginnen. Ziehen Sie die Vorschaubilder der Reihe nach, wie sie im Film erscheinen sollen, in das Storyboard. Sie können die Reihenfolge auch nachträglich noch ändern, indem Sie einen Clip anklicken und an eine andere Stelle ziehen.

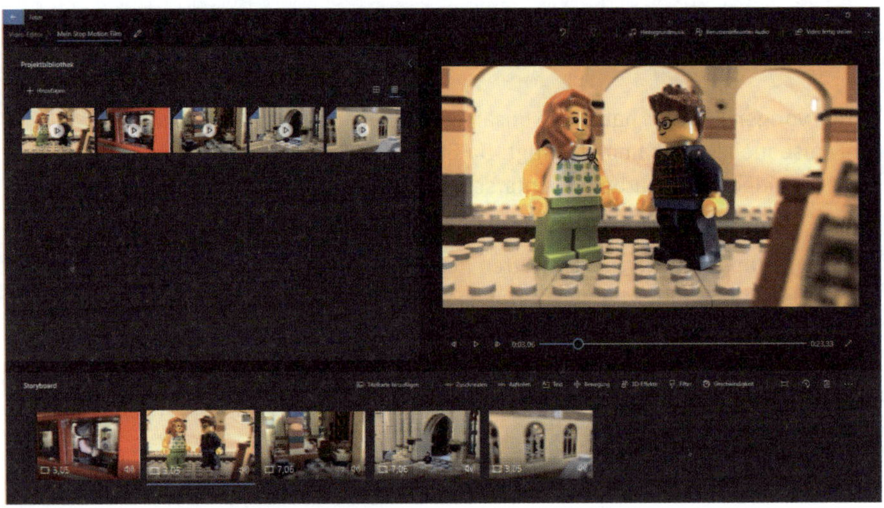

Abbildung 10.1: Die Filmsequenzen im Storyboard von Microsoft Fotos

Sie möchten eine Szene etwas später beginnen lassen, oder vom Ende ein paar Sekunden weglassen? Kein Problem. Wählen Sie dafür einfach die Szene im Storyboard aus und klicken Sie in der Werkzeugleiste auf »Zuschneiden«. Es öffnet sich eine neue Ansicht mit einer großen Vorschau der Szene und einer Zeitleiste mit verschiebbaren Anfangs- und Endpunkten. Klicken Sie nun einfach die blauen Markierungen der Zeitleiste an und schieben Sie Anfang und Ende an die gewünschte Position. Um die Änderungen zu speichern und zum Projekt zurückzukehren, klicken Sie auf »Fertig«. Nach demselben Prinzip funktioniert auch die »Aufteilen«-Funktion, mit der Sie eine Szene an einer beliebigen Stelle teilen können. So können Sie beispielsweise bei einer Szene zwischen verschiedenen Kamerawinkeln wechseln, wenn Sie beim Dreh unterschiedliche Kameraeinstellungen verwendet haben. Präsentieren Sie den Zuschauern z. B. mit einer Totalen das Set, und wechseln Sie dann zu einer Halbtotalen, damit man die Bewegungen der Figuren gut erkennen kann. Zeigen Sie die Handlung aus verschiedenen Perspektiven und verwenden Sie auch ab und zu ein Close-Up. Durch einen abwechslungsreichen Schnitt können Sie einen Film viel interessanter gestalten.

Falls Ihnen einige Abschnitte zu schnell oder zu langsam sind, können Sie die Wiedergabe mit dem »Geschwindigkeit«-Werkzeug anpassen. »1x« steht hier für normale Geschwindigkeit. Sind einzelne Clips zu langsam, wählen Sie diesen Clip aus und ändern Sie die Geschwindigkeit auf 1,25x oder noch schneller. Sind die Bewegungen in einem Clip zu schnell, können Sie hier die Geschwindigkeit senken.

Das Programm bietet auch die Möglichkeit, Effekte und Filter hinzuzufügen. Das ist eine tolle Möglichkeit, um dem Film im Nachhinein noch mehr Stimmung zu verleihen. Es sollte aber auch nicht übertrieben werden. Wählen Sie eine Szene, die Sie bearbeiten wollen, und klicken Sie in der Werkzeugleiste auf »Filter«. Sie sehen nun verschiedene Optionen, um die Farbstimmung der Szene zu beeinflussen, etwa um den Film wie einen alten Schwarz-Weiß-Film aussehen zu lassen. Unter »3D-Effekte« können Sie verschiedene Objekte hinzufügen wie etwa Regen, Schneeflocken oder sogar Fledermäuse und Flammen.

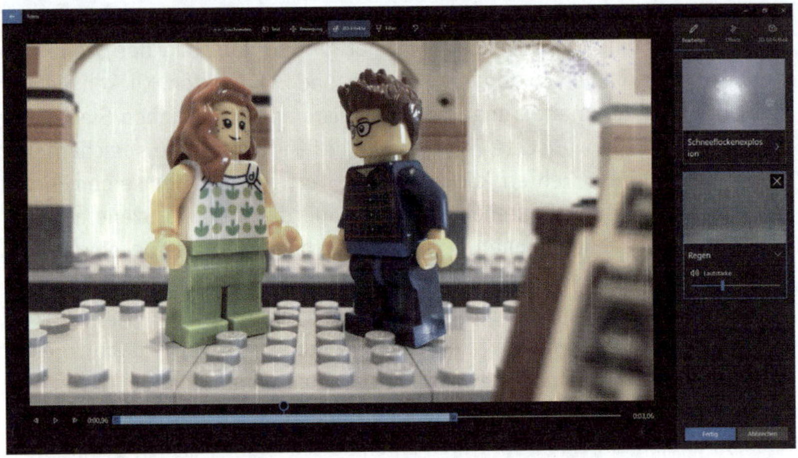

Abbildung 10.2: Das Aussehen einer Szene kann mit Effekten und Filter verändert werden

Titel und Abspann

Bei einem richtigen Film dürfen natürlich der Titel und der Abspann nicht fehlen! Glücklicherweise können Sie solche Textfelder mit Microsoft Fotos leicht hinzufügen. Wählen Sie im Storyboard den Clip aus, auf dem Sie den Titel platzieren möchten. Wenn Sie den Titel auf einem einfärbigen Hintergrund einfügen möchten, dann klicken Sie auf »Titelkarte hinzufügen«. Diese Funktion fügt eine Farbfläche ein, deren Farbe Sie über das »Hintergrund«-Werkzeug bearbeiten können.

Nachdem nun die Farbfläche oder Szene ausgewählt ist, klicken Sie in der Werkzeugleiste auf »Text«. Es öffnet sich das Titelwerkzeug, bei dem Sie verschiedene Schriftarten und Animationen zur Auswahl haben.

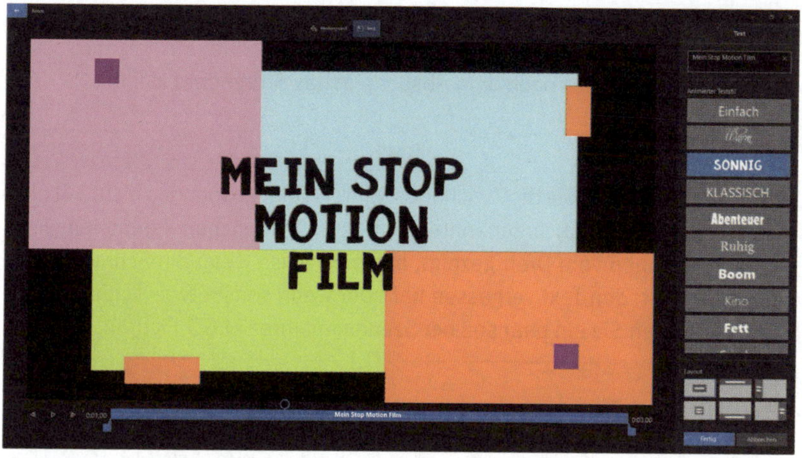

Abbildung 10.3: Das Titelwerkzeug in Microsoft Fotos

Geben Sie zuerst den Titel Ihres Filmes in das Textfeld rechts oben ein. Sie sehen, dass die Änderungen sofort in der Vorschau zu sehen sind. Nun können Sie noch einen Stil aus der Liste auswählen. Der Titel sollte zur Stimmung des Filmes passen. Bei einem Actionfilm sollte es besser keine verschnörkelte Schrift vor rosa Hintergrund sein. Bei einem lustigen Film darf auch der Titel etwas verspielt sein. Wenn der Titel über einem Video eingeblendet wird, achten Sie außerdem darauf, dass der Text gut lesbar ist. Unter der Option »Layout« im Titelwerkzeug können Sie auch die Position des Textes anpassen, um ihn besser in das Video einzufügen.

Idee

Drehen Sie zur Übung einige Szenen, die sich gut für eine Titelsequenz eignen. Das kann zum Beispiel eine Kamerafahrt sein, die eine Straße entlang bis zu dem Haus führt, in dem die Handlung beginnt. Oder Sie starten den Film mit einer schönen Außenaufnahme, bei der Sie die (künstliche) Sonne im Zeitraffer aufgehen lassen.

Am Ende eines Filmes ist es üblich, einen Abspann zu zeigen. Fügen Sie dazu eine weitere Titelkarte (normalerweise in schwarz) am Ende des Filmes hinzu und öffnen Sie erneut das Textwerkzeug. Erwähnen Sie im Abspann den Filmtitel und alle Personen, die mitgeholfen haben. Häufig erwähnte Positionen sind Regie, Drehbuch, Schnitt, Ton, Musik und Schauspieler (im Fall eines Stop-Motion-Filmes eher Synchronstimmen). Falls Sie ein eigenes Logo haben, können Sie das nach dem Abspann in das Storyboard ziehen.

Idee
Warum unterhalten Sie die Zuschauer während des Abspannes nicht mit ein paar lustigen Szenen, sogenannten Outtakes? In manchen Realfilmen werden hier Pannen vom Dreh gezeigt, beispielsweise wenn ein Schauspieler gestolpert ist, den Text vergessen hat oder wenn sonst etwas schiefgelaufen ist. Drehen Sie ein paar solcher Szenen mit Ihren LEGO-Figuren.

Musik und Ton

Ein Film ohne Hintergrundmusik und Ton ist kein richtiger Film. Aber gerade, wenn es um Musik geht, müssen Sie aufpassen. Denn auch wenn Sie eine tolle CD- oder MP3-Sammlung haben, dürfen Sie diese Lieder nicht für einen Film verwenden, den Sie ins Internet stellen oder anderweitig öffentlich zeigen wollen. Hier dürfen Sie nur Musik verwenden, die Sie entweder selbst komponiert oder für die Sie eine entsprechende Lizenz erworben haben. Ansonsten kann es passieren, dass Ihr Film von Videoplattformen wie YouTube oder Vimeo gelöscht wird, dass Werbung angezeigt wird oder dass der Film in manchen Ländern gesperrt wird.

Da nicht jeder Filmemacher auch ein Komponist ist und solche Lizenzen sehr teuer sind, gibt es einige Alternativen. In Microsoft Fotos gibt es eine kleine Auswahl an kostenloser Hintergrundmusik, aber auch viele sogenannte Audio-Bibliotheken bieten lizenzfreie Musik zum Download an, die Sie ohne Probleme in Ihren Videos verwenden können, solange Sie das Video nicht kommerziell verwenden.

Hier habe ich für Sie solche kostenlosen Bibliotheken zusammengefasst:

- *https://www.youtube.com/audiolibrary*
  - Anmeldung bei YouTube nötig
  - Praktische Sortierung nach Dauer, Stimmung, Genre, Instrument oder Beliebtheit
- *http://freemusicarchive.org/curator/Video/*

- Keine Anmeldung notwendig
- Spezielle Seite für Filmmusik
- Tolle Suchfunktion, damit Sie genau den richtigen Soundtrack finden

Hinweis

Ich gebe in diesem Buch keine rechtlichen Ratschläge und übernehme keine Verantwortung für den Inhalt Ihres Videos.

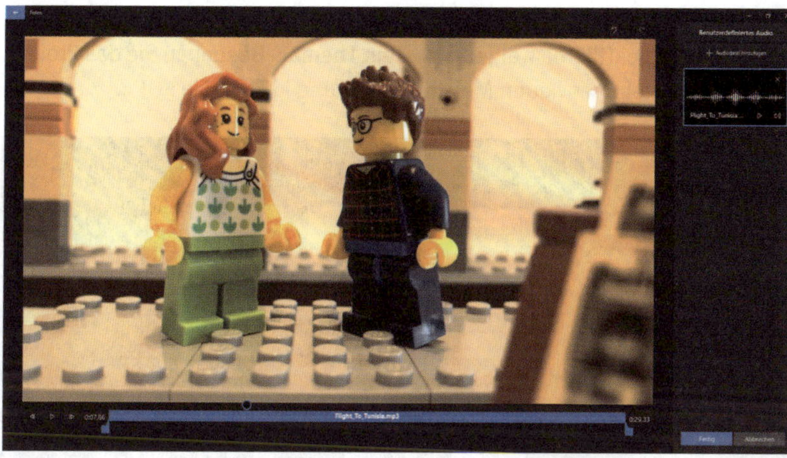

Abbildung 10.4: Audiodateien zum Film hinzufügen

Wenn Sie nun das passende Lied für den Soundtrack gefunden und heruntergeladen haben, müssen Sie es nur noch in den Film einfügen. In Microsoft Fotos geht das ganz einfach. Speichern Sie zuerst einmal die Datei in dem Ordner, den Sie für dieses Projekt angelegt haben, damit Sie sie nicht verlieren. Klicken Sie dann in der »Fotos«-App die Szene an, ab der die Musik wiedergegeben werden soll, und anschließend in der oberen Menüleiste auf »Benutzerdefiniertes Audio«, um den Audioeditor zu öffnen. Hier können Sie nun die soeben geladene Musikdatei mit dem Button »Audiodatei hinzufügen« in das Projekt laden.

Auf dieselbe Art und Weise können Sie auch weitere Tonspuren hinzufügen, etwa für Effekte oder Stimmen. Um Ihre LEGO-Figuren sprechen zu lassen, können Sie die Videovorschau wiedergeben und während das Video abspielt mit einem Smartphone Ihre Stimme aufnehmen. Diese Audiodatei müssen Sie dann nur noch in das Videoprojekt laden, und schon haben Sie den Film genau passend zur Handlung vertont.

10.2 Apple iMovie

Auf einem Mac ist iMovie das ideale Programm für Videoschnitt und -bearbeitung.

Nachdem Sie das Programm gestartet haben, erstellen Sie zuerst ein neues Projekt. Als Projektthema wählen Sie »Kein Thema«. Benennen Sie das Projekt mit dem Filmtitel Ihres neuen Meisterwerkes und klicken Sie »OK«.

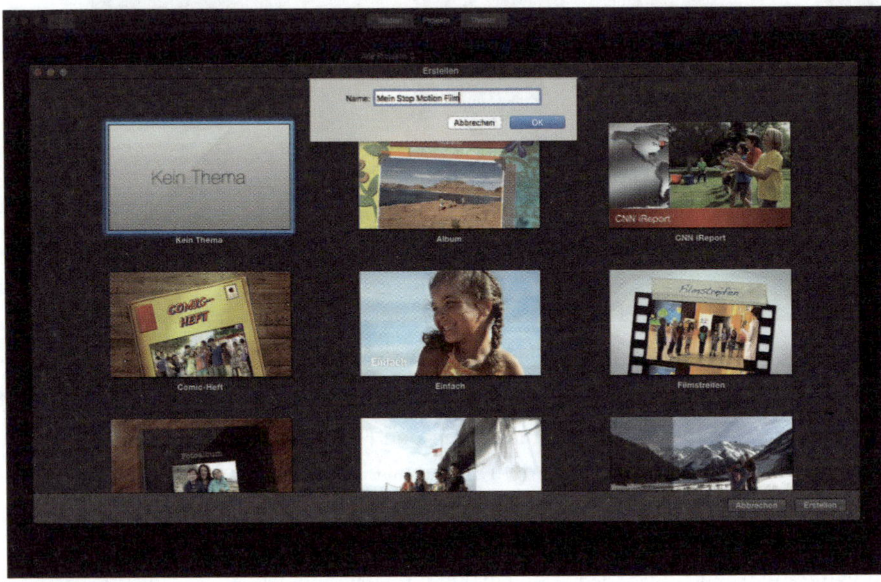

Abbildung 10.5: Legen Sie ein neues Projekt in iMovie an

Schnitt

In das soeben neu erstellte Projekt können Sie nun die einzelnen Szenen importieren. Klicken Sie dazu in der Ereignismediathek auf den großen Pfeil, der mit »Medien importieren ...« beschriftet ist. In dem sich öffnenden Fenster wählen Sie nun alle Filme des Projekts aus. iMovie importiert nun im Hintergrund alle gewählten Videos in das Projekt und sie werden in der Ereignismediathek angezeigt.

Wenn Sie mit der Maus über die Filmstreifen fahren, sehen Sie eine schnelle Vorschau. Um einzelne Clips abzuspielen, bewegen Sie die Maus an die gewünschte Stelle und drücken Sie die Leertaste.

Nun können Sie mit dem Schnitt beginnen. Suchen Sie in der Ereignisübersicht den passenden ersten Clip. Durch Klicken und Ziehen wählen Sie einen gelb markierten Ausschnitt aus, den Sie dann in die Zeitleiste nach unten ziehen können. Clip für Clip können Sie so den Film zusammenbauen.

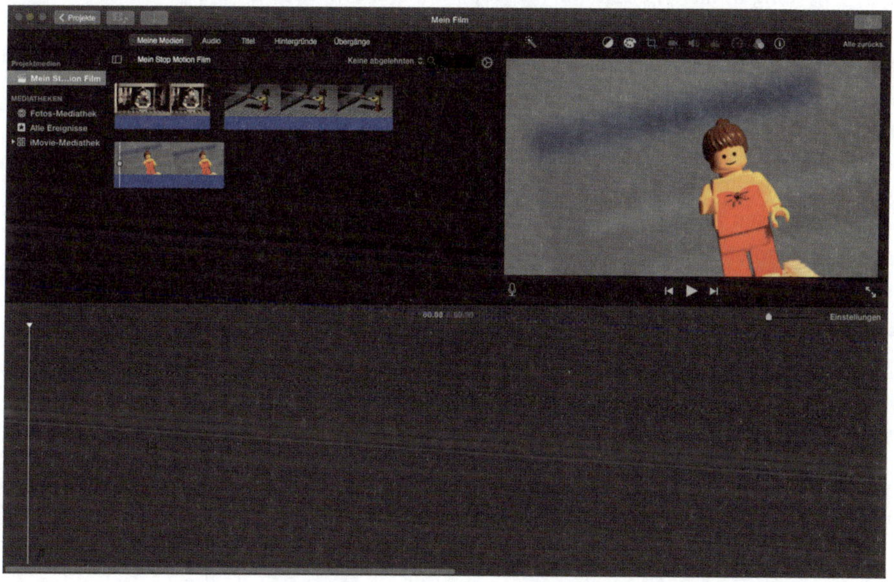

Abbildung 10.6: Die importieren Clips in der Ereignismediathek

Falls Sie mit der Geschwindigkeit eines Clips noch nicht zufrieden sind und mehr oder weniger Bilder pro Sekunde verwenden wollen, können Sie das ganz einfach ändern. Klicken Sie dazu in der Zeitleiste mit der rechten Maustaste auf den gewünschten Clip und wählen Sie »Geschwindigkeitseditor einblenden«. Alternativ können Sie auch die Tastenkombination [⌘]+[R] benutzen.

Es erscheint ein kleiner Schieberegler, mit dem Sie die Dauer des Clips anpassen können. Ist Ihnen das zu ungenau, können Sie mit einem Klick auf den Clip das Geschwindigkeitsfenster öffnen, bei dem Sie genau die Beschleunigung in Prozent angeben können. Möchten Sie beispielsweise einen Clip mit 10 fps auf 15 fps beschleunigen, dann ändern Sie die Geschwindigkeit auf 150%.

Wenn Sie wollen, können Sie zwischen den einzelnen Clips auch Übergänge wie Überblendungen oder andere Effekte einfügen. Mit der Tastenkombination [⌘]+[5] oder indem Sie oberhalb der Inhaltsmediathek auf »Übergänge« klicken, öffnen Sie die Übergangsübersicht. Suchen Sie den passenden Übergang und ziehen Sie ihn im Projektfenster zwischen zwei Clips. Wenn Sie mit dem Übergang zufrieden sind, klicken Sie auf »Meine Medien«, um wieder zur Ereignisübersicht zurückzukehren.

Titel und Abspann

Natürlich wollen Sie Ihrem Stop-Motion-Film auch einen Namen geben und diesen am Anfang zeigen. Dazu müssen Sie zuerst einmal die Titelübersicht einblenden. Drücken Sie dazu die Tastenkombination [⌘]+[3] oder wählen Sie oberhalb der Inhaltsmediathek »Titel« aus.

Wählen Sie einen Textstil und ziehen Sie ihn in das Projektfenster. Sie können den Titel entweder über einen Videoclip ziehen, oder aber Sie ziehen den Titel ganz an den Anfang oder zwischen zwei Clips, um ihn über einem schwarzen Hintergrund zu zeigen.

Sobald sie einen Titel hinzugefügt haben, können Sie den Text direkt im Vorschaufenster ändern sowie die Schriftart und -größe auswählen.

Genau so können Sie auch am Ende des Filmes einen Abspann hinzufügen, in dem Sie alle am Film beteiligten Personen erwähnen, wie zum Beispiel Regie, Drehbuch, Schnitt, Ton, Musik und Schauspieler (im Fall eines Stop-Motion-Filmes eher Synchronstimmen).

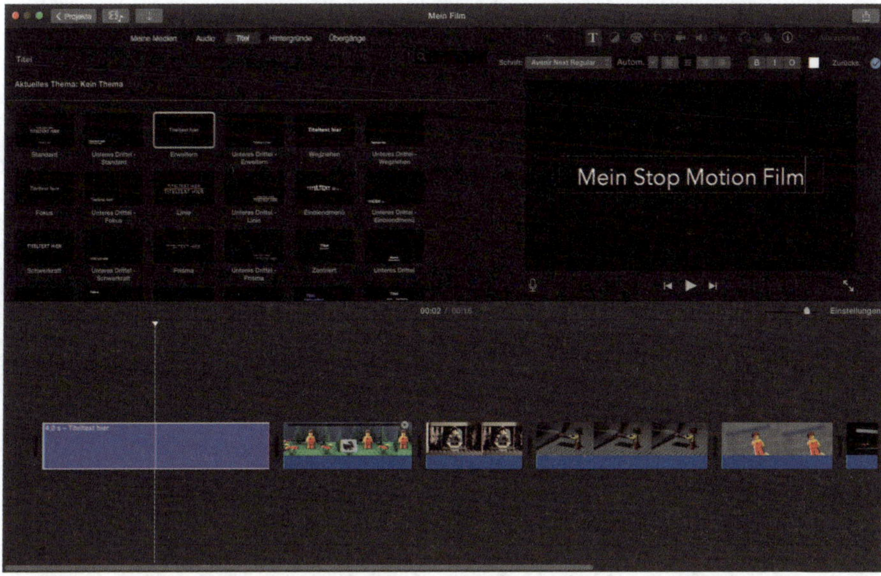

Abbildung 10.7: Das Titelwerkzeug in iMovie

Musik und Ton

Ein Film ganz ohne Hintergrundmusik und Ton wäre furchtbar langweilig, deshalb werden wir in diesem nächsten Schritt den Film mit ein paar Tonspuren ergänzen.

Wenn Sie Ihren Film im Internet auf YouTube, Vimeo oder einer anderen Videoplattform veröffentlichen möchten, dürfen Sie als Hintergrundmusik allerdings kein Lied aus Ihrer CD- oder MP3-Sammlung verwenden. Auch wenn Sie diese Lieder legal gekauft haben, dürfen Sie sie lediglich für den privaten Gebrauch verwenden. Um Musik in Ihrem Video verwenden zu dürfen, müssen Sie diese entweder selbst komponiert haben oder aber über eine entsprechende Lizenz verfügen. Sonst wird das Video vermutlich entweder gelöscht, in manchen Ländern gesperrt oder es wird Werbung angezeigt.

Praktischerweise bekommen Sie mit iMovie eine sehr umfangreiche Sounddatenbank mit verschiedensten Soundeffekten und Hintergrundmelodien. In der iMovie-Lizenz steht ausdrücklich, dass diese Dateien für eigene Videos verwendet werden dürfen.

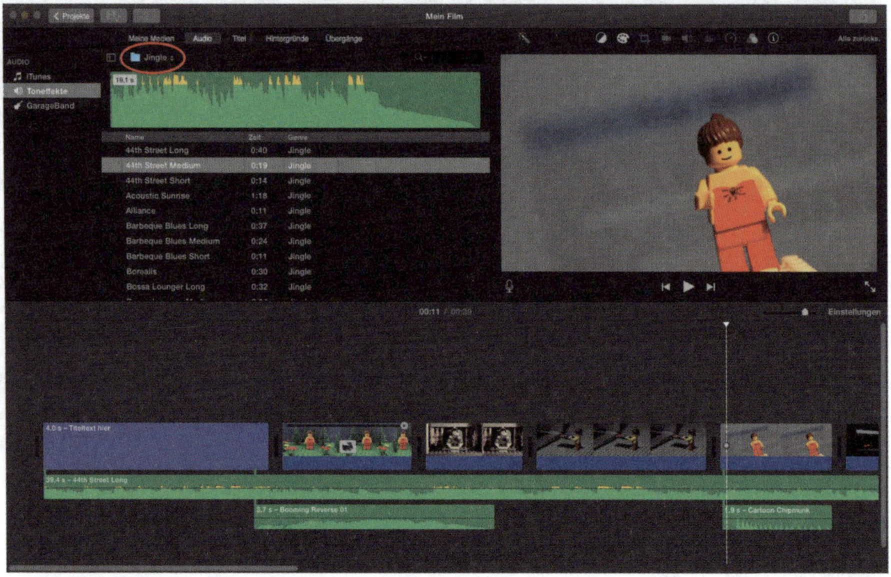

Abbildung 10.8: Musik und Soundeffekte

Diese Soundbibliothek finden Sie, indem Sie oberhalb der Inhaltsmediathek auf »Audio« klicken oder mit der Tastenkombination [⌘]+[2]. Wählen Sie anschließend in der Seitenleiste »Toneffekte« aus. Über das Dropdown-Menü (im Screenshot rot markiert) können Sie die Audiodateien sortieren. Wählen Sie zuerst den Ordner »Jingle« und suchen eine passende Hintergrundmusik. Sie finden hier auch allerlei andere praktische Effekte und Hintergrundgeräusche, die Sie alle einfach in die Zeitleiste hinunterziehen können.

10.3 Stop Motion Studio

Wenn Sie Ihr Projekt in »Stop Motion Studio« erstellen, haben Sie dort zusätzlich zu den Aufnahmefunktionen auch einige Möglichkeiten zur Nachbearbeitung. Sie können den Film mit der Software direkt in der App drehen, fertig stellen und exportieren. Die in diesem Kapitel beschriebenen Funktionen sind in allen Versionen von »Stop Motion Studio« möglich, also auf iOS, Android, macOS und Windows. Je nach Version kann sich die Oberfläche etwas unterscheiden. Ich verwende hier die iOS-Version auf einem iPad.

Titel und Formen hinzufügen

»Stop Motion Studio« bietet einen eingebauten Bildeditor, um Elemente wie Text, Zeichnungen und Formen zu einem Bild hinzuzufügen. Um in den Bildeditor zu wechseln, tippen Sie auf ein Bild in der Zeitleiste (auf Windows und macOS mit der rechten Maustaste) und wählen Sie »Bearbeiten«. Es öffnet sich eine neue Ansicht mit dem Bild und einer Ebenenleiste auf der rechten Seite. Tippen Sie auf das Plus-Symbol, um eine neue Ebene hinzuzufügen – etwa ein Textfeld.

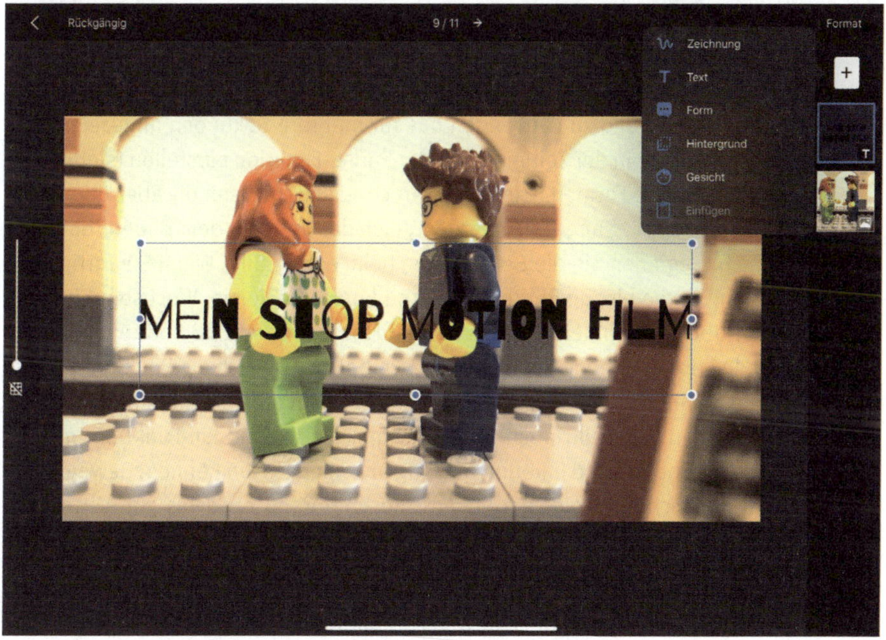

Abbildung 10.9: Der Bildeditor in »Stop Motion Studio«

Doppeltippen Sie auf das Textfeld, um den Texteditor zu öffnen, und geben Sie den Titel Ihres Filmes ein. Mit einem Klick auf »Fertig« bestätigen Sie die Eingabe und kehren zur Vorschau zurück. Je nach Bild kann es nun sein, dass Sie die standardmäßig weiße Schrift gar nicht besonders gut sehen können. Tippen Sie in der rechten oberen Ecke auf »Format«, um die Formateigenschaften zu öffnen. Hier haben Sie die Möglichkeit, Optionen wie die Schriftart, Farbe und Deckkraft zu ändern. Größe und Position des Textfeldes können Sie einfach mit Klicken und Ziehen nach Ihrem Belieben verändern.

Zusätzlich zum Textfeld können sie jederzeit neue Ebenen mit dem Plus-Symbol hinzufügen, etwa eine Zeichenebene. Hier können Sie mit dem Finger (oder auf dem iPad sogar mit dem Apple Pencil) über das aufgenommene Bild zeichnen und Effekte hinzufügen.

Praktisch ist auch die Formen-Ebene, mit der Sie Spezialformen wie Sprechblasen, Pfeile oder sogar typische Comic-Elemente wie ein großes »BANG!« hinzufügen können. Ihrer Fantasie sind hier keine Grenzen gesetzt.

Ein wichtiger Aspekt beim Bildeditor ist die Dauer des Bildes. Für Titel bietet es sich an, ein Bild zu verwenden das für mehrere Sekunden angezeigt wird. Das können Sie in der Zeitleiste mit der Pause-Funktion einstellen (siehe Kapitel 9.3). Andere Formen, wie etwa Sprechblasen, müssen oft aber über mehrere Bilder hinweg angezeigt werden. Auch das geht mit dem Bildeditor relativ einfach. Beginnen Sie die Bearbeitung beim ersten Bild. Wenn Sie fertig sind, wählen Sie die hinzugefügte Ebene und kopieren Sie sie. Wechseln Sie dann in der oberen Menüleiste mit dem Pfeil zum nächsten Bild und fügen Sie die gerade kopierte Ebene mit dem Plus-Symbol ein. Da sich die Position der Grafik manchmal mit den Figuren bewegen soll, können Sie die Ebene nun etwas verschieben. Hier hilft auch wieder einmal die Onion-Skin-Funktion, mit der Sie das vorherige Bild halbdurchsichtig anzeigen lassen können. Bewegen Sie dazu den Schieberegler am linken Bildschirmrand etwa bis zur Mitte nach oben. Nun können Sie genau sehen, was sich im Vergleich zum vorigen Bild verändert hat.

Das setzen Sie nun so lange fort, bis die Grafik verschwinden soll. Sie können zum Schluss auch die Transparenz oder Größe verringern, damit die Sprechblase sanft verschwindet.

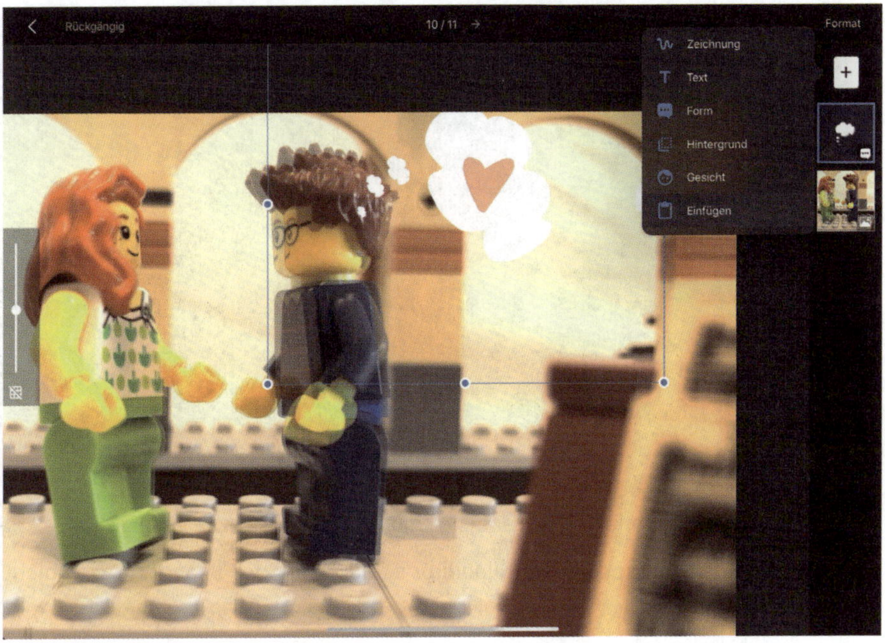

Abbildung 10.10: Grafiken Bild für Bild kopieren und bearbeiten

Musik und Toneffekte

Um den Film noch lebendiger und spannender zu machen, darf natürlich der Ton nicht fehlen. In »Stop Motion Studio« haben Sie einige tolle Werkzeuge und mitgelieferte Musik- und Toneffekte zur Verfügung. Wählen Sie zuerst in der Zeitleiste das Bild aus, bei dem die Musik oder der Toneffekt beginnen soll. Tippen Sie dann in der Werkzeugleiste auf das Plus-Symbol und wählen Sie »Audio«. Es öffnet sich ein neues Fenster mit einer großen Auswahl an Tonspuren. Diese Dateien dürfen Sie kostenlos in Ihren privaten Projekten verwenden, auch wenn Sie das Projekt im Internet veröffentlichen. Im Menü »Importieren« haben Sie auch die Möglichkeit, Ihre eigenen Tonspuren hinzuzufügen, etwa aus Dropbox oder iCloud. Achten Sie hier aber darauf, dass Sie die nötigen Rechte dafür besitzen.

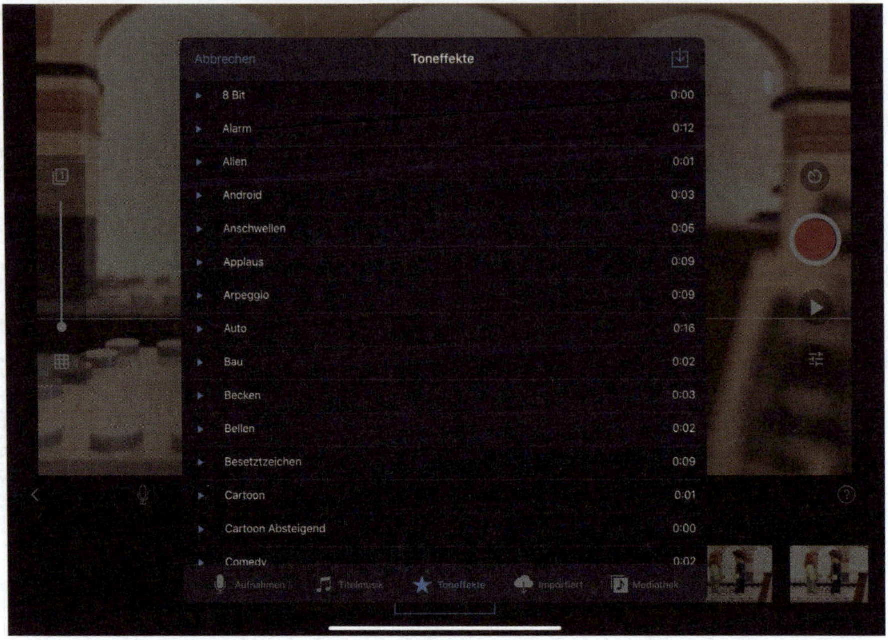

Abbildung 10.11: Die Toneffekte Auswahl in Stop Motion Studio

> **Hinweis**
>
> Sie dürfen die Musik kostenlos für Ihre Projekte verwenden, müssen aber den Komponisten erwähnen, zum Beispiel im Abspann oder in der Videobeschreibung. Das kann etwa so aussehen:
>
> Music by Kevin MacLeod (incompetech.com)
>
> Licensed under Creative Commons: By Attribution 3.0

Ihr Stop-Motion-Film hat nun tolle Bilder und eine aufregende Hintergrundmusik, aber irgendetwas fehlt noch: Ihre Charaktere haben noch keine Stimme! Glücklicherweise lässt sich auch das mit »Stop Motion Studio« leicht ändern. Wählen Sie in der Zeitleiste das Bild, an dem eine Ihrer Figuren zu sprechen beginnen soll. Tippen Sie dann in der Werkzeugleiste auf das Mikrofon-Symbol und stellen Sie sicher, dass Sie in einem möglichst ruhigen und kleinen Raum sind. Wenn Sie bereit sind, tippen Sie auf »Aufnahme«. Es folgt ein

Countdown und im Vorschaufenster beginnt der Film zu laufen. Nun können Sie Ihren Figuren eine Stimme leihen. Wenn Sie fertig sind, tippen Sie auf »Anhalten«. Diesen Vorgang können Sie, wenn es sich um mehrere Figuren handelt, auch öfter wiederholen: Entweder Sie verstellen für jede Figur Ihre Stimme, oder Sie fragen ein paar Freunde um Hilfe.

Hinweis

Achten Sie bei den Tonspuren darauf, dass Sie pro Bild nur eine Audiodatei anhängen können. Wenn Sie also beispielsweise eine Hintergrundmusik und eine Sprachaufnahme gleichzeitig wiedergeben wollen, müssen Sie die Sprachaufnahme ein Bild zuvor starten lassen, ansonsten wird die Musik von der Aufnahme überschrieben.

11 Veröffentlichung

Wenn Ihr Stop-Motion-Projekt nun endlich fertig ist, wollen Sie dieses Meisterwerk wahrscheinlich mit anderen Leuten teilen und nicht als Projektdatei des Schnittprogrammes auf der Festplatte vergammeln lassen. In diesem Kapitel erfahren Sie deshalb, wie Sie Ihr Projekt als Filmdatei speichern und mit der ganzen Welt teilen können.

11.1 Exportieren

Der fertig geschnittene und bearbeitete Film in iMovie, Microsoft Fotos oder einem anderen Schnittprogramm ist nichts weiter als eine Projektdatei. Diese hat den Vorteil, dass Sie sie immer weiter bearbeiten und verändern können, sie kann aber weder an Freunde verschickt noch ins Internet geladen werden. Wenn Sie also sicher sind, dass der letzte Fehler ausgebessert und Ihr Werk bereit für die Veröffentlichung ist, müssen Sie Ihr Meisterwerk aus dem Schnittprogramm exportieren und als Video speichern.

Microsoft Fotos

Die »Fotos«-App bietet nicht viele Optionen zum Exportieren, aber die verfügbaren Optionen reichen vollkommen aus. Wählen Sie in der Menüleiste die Option »Video fertig stellen«, um das Exportfenster zu öffnen. Im Auswahlfeld »Videoqualität« können Sie nun die Auflösung der zu exportierenden Datei auswählen. Wählen Sie hier am besten die höchste verfügbare Option aus, also „Hoch 1080p“. Das bedeutet, dass der Film in Full-HD exportiert wird.

Unter »Weitere Optionen« haben Sie noch die Möglichkeit, Hardwarebeschleunigung zu aktivieren. Das steuert die Art, wie das Video vom Computer berechnet wird. Für einen möglichst schnellen Export sollte die Option aktiviert sein. Sie können sie aber deaktivieren, wenn ansonsten Probleme im Video auftreten, wie etwa schwarze Bilder oder Verzerrungen.

Klicken Sie anschließend auf »Exportieren« und wählen Sie einen Speicherort, an dem Sie die fertige Videodatei ablegen wollen. Abhängig von der Komplexität und Länge des Projekts kann das Exportieren einige Zeit in Anspruch nehmen.

Apple iMovie

Wie von Apple gewohnt, ist die Exportfunktion in iMovie sehr einfach gehalten. Wenn Sie in der oberen Menüleiste auf das »Bereitstellen«-Symbol und anschließend auf »Datei« klicken, erscheint ein neues Fenster. Hier können Sie den Titel für den Film auswählen sowie zwischen verschiedenen Größen und Qualitäten wählen. Da heutzutage schon alle Geräte HD-Videomaterial wiedergeben können, sollten Sie sich für 1080p oder 4K entscheiden. Bei Qualität und Komprimierung können Sie die Standardeinstellungen beibehalten, außer Sie möchten die allerbeste Bildqualität und die Dateigröße ist Ihnen egal. Nun müssen Sie nur noch auf »Weiter ...« klicken, einen Speicherort auswählen und Ihr Projekt wird fertiggestellt und als MOV-QuickTime-Film gespeichert.

11.2 Mit der ganzen Welt teilen

Nun, da Sie Ihr Stop-Motion-Meisterwerk als Film exportiert haben, können Sie es Ihrer Familie und Ihren Freunden am Computer oder Fernseher präsentieren. Aber Sie haben nicht so viel Zeit in ein Projekt investiert, nur damit es dann eine Handvoll Leute sehen können.

Das ideale Medium für die Verbreitung von selbst gemachten Videos ist das Internet. Unzählige Webseiten bieten die Möglichkeit, Videos zu veröffentlichen und zu teilen. Andere Benutzer können Ihr Video dann bewerten und kommentieren, was eine wunderbare Gelegenheit ist, um etwas dazuzulernen und sich weiterzuentwickeln. Natürlich müssen Sie dazu kritikfähig sein und manchmal auch etwas wegstecken können, im Großen und Ganzen ist die Internetcommunity aber sehr hilfsbereit. Vielleicht entdeckt ja jemand einen Fehler und gibt Ihnen Tipps, wie Sie solche Fehler beim nächsten Film vermeiden können!

In diesem Kapitel werde ich Ihnen drei verschiedene Webseiten für jeweils unterschiedliche Anwendungszwecke zeigen.

TikTok

Gerade für Jugendliche ist TikTok aktuell die perfekte Plattform, um lustige kurze Videos zu teilen. Auch Stop Motion findet sich auf dieser beliebten Plattform. So haben Videos mit dem Hashtag #stopmotion bereits 2,5 Milliarden Aufrufe erhalten.

Laden Sie Ihren Stop-Motion-Film auf Ihr Smartphone (z.B. über iCloud oder Dropbox) und öffnen die TikTok-App. Tippen Sie in der Menüleiste auf das große Plus-Symbol um in den Kameramodus zu gelangen. Hier können Sie über den Upload-Button Ihren Film auswählen.

Wenn Sie ein Video für TikTok erstellen, gilt es drei Besonderheiten zu beachten. Da die Videos am Smartphone angesehen werden, sollte der Film im Hochformat sein, also im Format 1080x1920. Außerdem gilt es bei TikTok, die Länge zu beachten. Sie können zwar bis zu 10 Minuten lange Videos hochladen, die meisten Videos auf TikTok (und auch die Aufmerksamkeitsspanne der User) sind aber viel kürzer. Versuchen Sie, Ihre Geschichte in 15 bis 60 Sekunden zu erzählen! Der dritte Punkt ist die Musik. Auf TikTok ist die Musik genauso wichtig wie das Video selbst, suchen Sie sich also einen originellen und passenden Sound für Ihr Meisterwerk. Wenn Sie ein Video bei TikTok hochladen, können Sie in der App aus einer großen Auswahl an bekannten Songs auswählen und diese kostenlos zu Ihrem Video hinzufügen.

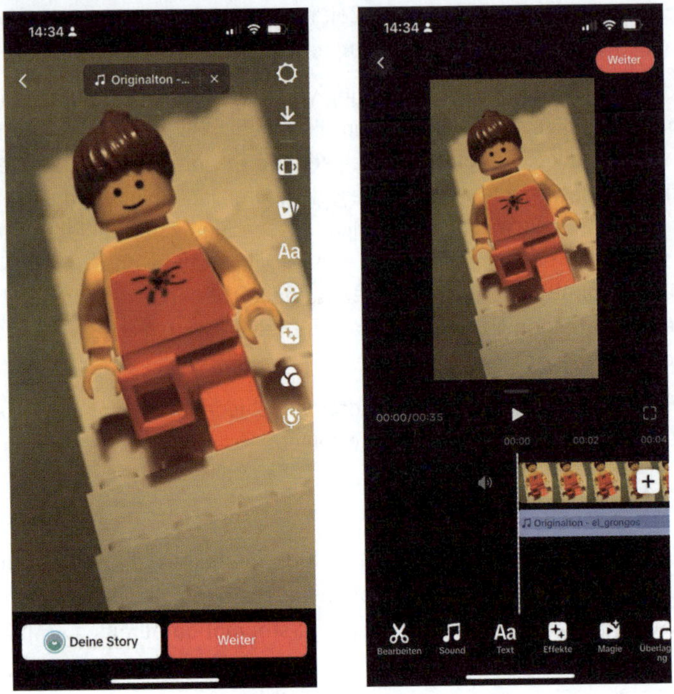

Abbildung 11.1: Die Uploadfunktion von TikTok. Es können auch Musik und einfache Effekte hinzugefügt werden.

Nach dem Upload sollten Sie nicht vergessen, die passenden Hashtags hinzuzufügen, damit Ihr Meisterwerk auch gefunden wird. Orientieren Sie sich an den aktuellen Trends und wer weiß, vielleicht schaffen Sie den nächsten viralen Internethit!

YouTube

Wenn jemand im Internet nach Videos sucht, dann ist YouTube normalerweise die erste Anlaufstelle. Laut Google, dem Eigentümer von YouTube, besuchen monatlich mehr als 2,7 Milliarden Menschen die Webseite und sehen sich derzeit über 30 Milliarden Stunden an Videomaterial an. Mit diesen beeindruckenden Statistiken ist YouTube die ideale Möglichkeit, um Ihr Stop-Motion-Video etwas bekannter zu machen.

Damit Sie Videos hochladen dürfen, müssen Sie sich zuerst mit einem Google Account anmelden. Falls sie bereits einen Google Service wie Gmail verwenden, können Sie sich mit denselben Zugangsdaten auch bei YouTube anmelden, ansonsten können Sie in wenigen Minuten einen neuen Account erstellen.

Einmal angemeldet, kommen Sie mit einem Klick auf den »Hochladen«-Button neben der Suchleiste in den Upload-Bereich. Ziehen Sie das fertige Video in das Browserfenster oder klicken Sie in das Fenster, um das Video auszuwählen.

Während das Video nun hochgeladen wird, können Sie bereits alle Einstellungen vornehmen. Wenn Sie einen Titel, eine Beschreibung und Tags wählen, denken Sie daran dass Ihr Video in der Masse herausstechen und gefunden werden soll! Verwenden Sie auf jeden Fall »Stop Motion« und »LEGO« im Titel und geben Sie dem Film einen spannenden Namen, der neugierig macht.

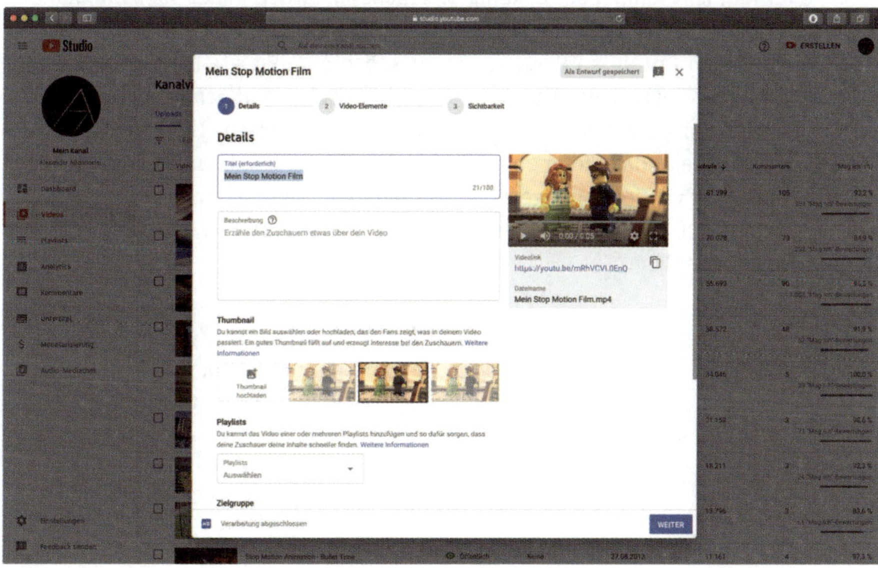

Abbildung 11.2: Videos auf YouTube hochladen

In der Beschreibung können Sie sowohl die Handlung etwas genauer erklären, als auch etwas über den Entstehungsprozess des Films sagen. Viele Nutzer interessiert, wie viele Bilder in dem Film vorkommen, die Anzahl der Bilder pro Sekunde oder wie lange Sie für den Dreh gebraucht haben. In der Beschreibung können Sie außerdem, falls vorhanden, auf Ihre Webseite verlinken.

Ob Ihr Video bei Suchanfragen aufscheint oder nicht, hängt stark von den sogenannten Tags ab. Tags sind kurze Stichworte, die Ihr Video beschreiben, und YouTube gleicht bei jeder Suche diese Tags mit der Suchanfrage ab. Verwenden Sie beispielsweise Tags wie »Stop Motion«, »LEGO« oder »Brickfilm«, damit Ihr Video auch von anderen Stop-Motion-Fans gefunden wird. Bestätigen Sie die Eingabe nach jedem Tag mit [↵].

Auch die Kategorie beeinflusst das Suchergebnis. Ich wähle hier fast immer »Film & Animation« aus, da diese Kategorie für jede Art von Stop-Motion-Video passt.

Bei den Sichtbarkeits-Einstellungen können Sie festlegen, wer Ihr Video sehen darf. Hier gibt es drei Optionen: »Öffentlich«, »Privat« und »Nicht gelistet«. Bei »Öffentlich« kann jeder beliebige Besucher Ihr Video in der Suche finden und ansehen. Verwenden Sie diese Einstellung, wenn Sie Ihr Video mit der größtmöglichen Anzahl an Personen teilen möchten. »Privat« bedeutet, dass nur von Ihnen festgelegte Personen das Video sehen können, die ebenfalls bei YouTube angemeldet sein müssen. Wenn Sie die Option »Nicht gelistet« wählen, erscheint das Video ebenfalls nicht in Ihrem Kanal oder in der Suche, es kann aber von jedem angesehen werden, der den direkten Link dazu hat. Sie können den Link also per Mail oder auf Facebook verschicken und so mit Ihren Freunden teilen.

Hinweis

Wirklich geschützt ist das Video dadurch aber nicht, da Ihre Freunde den Link ja auch wieder teilen können und Sie damit nicht kontrollieren können, wer Zugriff auf das Video hat.

Wenn Ihr Video fertig hochgeladen und verarbeitet ist, können Sie außerdem noch ein Video-Thumbnail auswählen. Ein Video-Thumbnail ist nichts anderes als ein kleines Vorschaubild, das in der Suche neben dem Titel angezeigt wird. YouTube erstellt dafür drei Momentaufnahmen aus dem hochgeladenen Video und lässt Sie auswählen, welches der drei Bilder Sie verwenden möchten. YouTube-Partner haben außerdem die Möglichkeit, ein benutzerdefiniertes Thumbnail hochzuladen.

Sind Sie mit den Einstellungen zufrieden, können Sie auf »Änderungen speichern« klicken, sofern YouTube diese nicht schon automatisch gespeichert hat. Im oberen Bereich finden Sie einen Direktlink zum soeben hochgeladenen Video. Diesen können Sie gleich mit Freunden via Facebook oder Email teilen, damit Ihr Meisterwerk auch wirklich bekannt wird.

Antworten Sie auf Kommentare zu Ihrem Video und kommentieren Sie auch anderen Stop-Motion-Videos. Wenn Sie sich in der YouTube Community einen Namen machen, bekommen Sie vielleicht bald auch erste Abonnenten. Diese erhalten dann automatisch Nachrichten über Ihre Aktivitäten, beispielsweise wenn Sie ein neues Video hochladen. So können Sie eine Fangemeinde aufbauen und immer mehr Zugriffe auf Ihre Videos erhalten.

Vimeo

Vimeo ist ein Videoportal, das im Gegensatz zu YouTube auf Klasse statt Masse setzt. Viele professionelle Filmemacher und ambitionierte Hobbyregisseure teilen ihre Werke über Vimeo mit Gleichgesinnten.

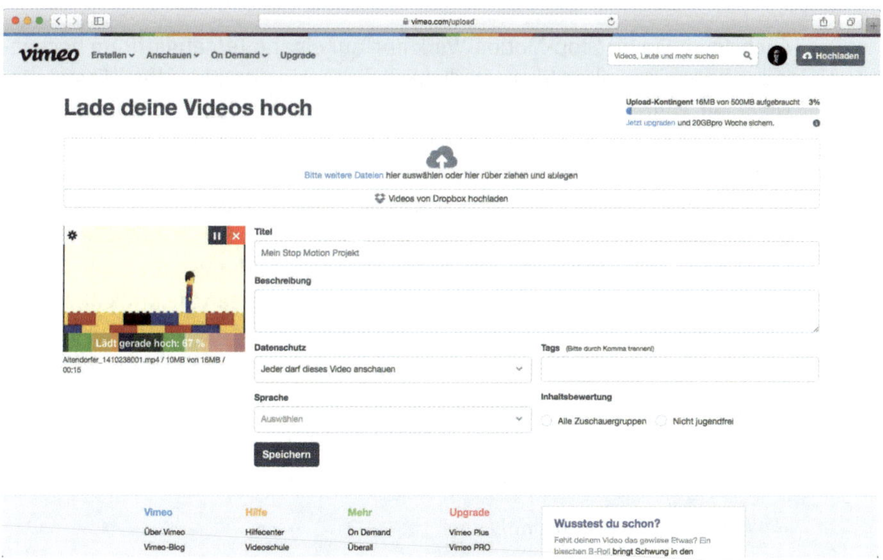

Abbildung 11.3: Videos auf Vimeo hochladen

Ein Basisaccount bei Vimeo ist kostenlos, unterliegt allerdings auch ein paar Einschränkungen. So können Sie mit einem Basisaccount nur 500 MB pro Woche hochladen. Normalerweise sollte das aber ausreichen, wenn Sie nicht gerade planen, jeden Tag einen Stop-Motion-Film zu drehen!

Sobald Sie sich angemeldet haben, gelangen Sie über die Menüleiste in den Upload-Bereich. Dieser ist eigentlich sehr ähnlich aufgebaut wie bei YouTube. Wenn Sie die Videodatei ausgewählt haben, können Sie Titel, Beschreibung und Tags eingeben. Überlegen Sie sich einen spannenden Titel und eine informative Beschreibung, wobei beides nicht zu lang sein sollte. Bei den Tags geben Sie einige Stichworte an, die den Film am besten beschreiben.

Im Untermenü »Datenschutz« können Sie genau festlegen, wer das Video ansehen und kommentieren darf. Praktisch ist hier die Möglichkeit, das Video mit einem Passwort zu schützen. So können Sie das Video problemlos mit Ihren Freunden teilen und haben doch immer volle Kontrolle über die Verbreitung, da Sie das Passwort notfalls ja auch jederzeit ändern können.

11.3 Schlussbemerkung

Auch wenn Sie Ihr Stop-Motion-Werk nun auf einer Internetplattform hochgeladen haben, behalten Sie auf jeden Fall die Originaldatei auf Ihrer Festplatte. Niemand kann garantieren, dass Webseiten wie YouTube nicht irgendwann verschwinden oder einzelne Videos löschen, und Sie wollen ja nicht, dass die ganze Arbeit umsonst war. Außerdem verarbeitet YouTube hochgeladene Videos weiter und komprimiert sie, was sich nicht gerade positiv auf die Qualität auswirkt. Seien Sie stolz auf Ihr Werk und zeigen Sie es möglichst vielen Leuten. Nur so bekommen Sie auch ehrliche Rückmeldungen die Ihnen helfen, Ihre Fähigkeiten noch weiter zu entwickeln. Dazu müssen Sie Kritik aber auch ernst nehmen und Fehler eingestehen, damit Sie genau diese Fehler beim nächsten Projekt nicht mehr machen.

Ich würde mich freuen, wenn Sie den Link zu Ihrem Meisterwerk auf meiner Facebook-Seite teilen oder mir per Mail schicken!

http://www.facebook.com/stopmotiontutorials

film@stopmotiontutorials.com

Ich hoffe Sie hatten viel Freude beim Dreh Ihres Stop-Motion-Filmes und wünsche Ihnen weiterhin viel Spaß mit diesem wunderbaren Hobby!

12

Quellen

- Tipps und Anleitungen zum Dreh von Stop-Motion-Filmen:
  http://www.stopmotiontutorials.com
- Kameratechnik und Einstellungsmöglichkeiten genauer kennenlernen:
  https://www.besserfotografieren.com/kamera-technik/
- Kostenlose Sounddatenbanken für lizenzfreie Musik:
  https://www.youtube.com/audiolibrary
  http://freemusicarchive.org/curator/Video/
- Professionelle Stop Motion Software:
  http://www.dragonframe.com

13 Glossar

A

Account – Benutzerkonto auf einer Webseite.

Auflösung – Bildgröße, wird meistens als Anzahl der horizontalen mal Anzahl der vertikalen Pixel angegeben, z.B. 1920 x 1080.

B

Belichtungszeit – Zeitdauer, in der Licht auf den Bildsensor der Kamera fällt.

Bildwiederholrate – Siehe Framerate.

Blende – Einstellung der Kamera; steuert die Menge an Licht, die auf den Bildsensor fällt.

Brennweite – Größe, die bei der Kamera für den Zoomfaktor verantwortlich ist.

Brickfilm – Stop-Motion-Film mit LEGO-Steinen.

Bullet-Time-Effekt – Spezielle Filmtechnik, bei der sich die Kamera durch eine scheinbar zeitlich eingefrorene Szene bewegt.

C

Claymation – Zusammengesetzt aus »Clay« und »Animation«, Stop-Motion-Film mit Knetmasse.

Clip – Kurze Videosequenz.

Close-Up – Kameraeinstellung, bei der ein einzelnes Detail groß dargestellt wird.

Compression – Siehe Komprimierung.

D

Dolly – Kamerawagen.

DSLR – »digital single-lens reflex«, Digitale Spiegelreflexkamera; professionelle Kamera mit Wechselobjektiven und vielen Einstellungsmöglichkeiten.

E

Export – Speichern eines Projektes als Videodatei.

F

Farbtemperatur – Färbung des Lichtes (rötlich bis bläulich), wird in Kelvin angegeben.

Fokus – Punkt im Bild, der von der Kamera scharf abgebildet wird.

Frame – Einzelbild aus einem Film.

Framerate – Abgekürzt mit fps; gibt an, wie viele Bilder pro Sekunde bei einem Video wiedergegeben werden.

Full HD – High-Definition-Auflösung von 1920 x 1080 Pixeln.

G

Goldener Schnitt – Bildgestaltungsmittel, bei dem die Szene in einem speziellen Teilverhältnis geteilt wird.

H

Halbtotale – Häufig verwendete Kameraeinstellung, bei der eine oder mehrere Figuren von Kopf bis Fuß zu sehen sind.

HD – High Definition; Bildauflösung von 1280 x 720 Pixeln.

I

Interlaced Scan – Bei der Wiedergabe von Filmen wird abwechselnd jede gerade und ungerade Bildzeile angezeigt, um höhere Bildwiederholraten zu erreichen.

ISO – Lichtempfindlichkeit des Bildsensors der Kamera.

K

Komprimierung – Dateien werden verkleinert, indem überflüssige Informationen gelöscht werden.

L

Livebild – Sie sehen auf dem Computer- oder Kameradisplay ohne Zeitverzögerung, was vor der Kameralinse passiert.

N

NTSC – In Nordamerika verbreitete Norm zur Fernsehübertragung.

O

Onion Skin – Hilfreiche Funktion bei einigen Stop-Motion-Programmen, bei der das jeweils vorige Bild transparent über das Livebild gelegt wird.

P

PAL – Hauptsächlich in Europa verwendetes Verfahren zur Fernsehübertragung.

Pixel – Bildpunkte, aus denen sich ein digitales Bild zusammensetzt.

Point-and-Shoot Kamera – Kompaktkamera, im Gegensatz zu DSLRs ohne Wechselobjektive und mit weniger Einstellungsmöglichkeiten.

Progressive Scan – Im Gegensatz zum Interlaced Scan wird bei der Wiedergabe des Filmes jede Bildzeile angezeigt.

Q

QuickTime – Von Apple entwickelte Multimedia-Architektur, auf der viele Schnittprogramme, Videoplayer und das MP4-Dateiformat basieren.

R

Rendern – Erzeugen einer Videodatei in einem Videoschnitt- oder Bearbeitungsprogramm.

S

Storyboard – Gezeichnetes Drehbuch, in dem jede einzelne Szene skizziert wird.

T

Time Lapse – Siehe Zeitraffer.

Totale – Kameraeinstellung, bei der ein Überblick über die gesamte Szene gezeigt wird.

U

USB – Universal Serial Bus; Schnittstelle zum Anschluss von Geräten wie Kameras oder Festplatten an den Computer.

V

Vertigo-Effekt – Eine Kombination aus Kamerafahrt und Zoom, erzeugt einen fast surrealen Effekt.

Voiceover – Eine Stimme wird über eine separate Tonspur nachträglich zum Video hinzugefügt.

W

Weißabgleich – Festlegen der Farbtemperatur in der Kamera, um eine möglichst naturgetreue Farbwiedergabe zu erreichen.

Z

Zeitraffer – Beschleunigte Wiedergabe von Bildsequenzen zur Darstellung von langen Zeitspannen.

Index